经典今解丛书

《说文解字》与汉字文化魅力

顾易◎著

广东高等教育出版社
Guangdong Higher Education Press
·广州·

图书在版编目（CIP）数据

《说文解字》与汉字文化魅力 / 顾易著. — 广州：广东高等教育出版社，2022.3
（经典今解丛书）
ISBN 978-7-5361-6996-8

Ⅰ. ①说…　Ⅱ. ①顾…　Ⅲ. ①《说文》—研究②汉字—文化研究　Ⅳ. ①H161 ②H12

中国版本图书馆CIP数据核字（2021）第068081号

《说文解字》与汉字文化魅力
《SHUOWEN JIEZI》 YU HANZI WENHUA MEILI　　**顾　易　著**

出版发行	广东高等教育出版社 地址：广州市天河区林和西横路 邮编：510500　营销电话：（020）87553335 http://www.gdgjs.com.cn
排　　版	书窗设计
印　　刷	广东鹏腾宇文化创新有限公司
开　　本	850 mm × 1 168 mm　1 / 32
印　　张	5.125
字　　数	72 千
版　　次	2022 年 3 月第 1 版
印　　次	2022 年 3 月第 1 次印刷
定　　价	36.00 元

总 序

中华优秀传统文化历史悠久，博大精深，魅力无穷，是中华民族的“根”、中华民族的“魂”，是中华文化自信的源头、活水，也是中华民族的力量所在。

中华优秀传统文化是人类共有的精神财富，具有普遍意义。正如习近平总书记所说，中华优秀传统文化，“智慧光芒穿透历史，思想价值跨越时空，历久弥新，成为人类共有的精神财富”。

当下，有些人对中华传统文化的理解，大多局限于“中国结”“功夫”“舌尖”“手艺”等符号化、浅表性的平面维度上，缺乏对其精神内核、价值理念、道德思想和审美情趣的研究和学习，其实，这些才是中华优秀传统文化最宝贵、最核心的内容。而这些宝贵的精神思想和审美理念，蕴含于中华经典之中。

中华经典是中华优秀传统文化的“精华”，它是超越时空、超越国界的，以至能够回应当代人的生活之问。学习中华经典也是一个人寻求自我完善的最佳途径。唐朝宰相魏徵认为，经籍是圣贤智慧的结晶，可以用来领悟宇宙的奥妙，探究天地、阴阳的消息，端正世间的纲纪，弘扬人类的道德。一句话，中华经典可以使人拥有自由的头脑、独立的思考、丰富的心灵、高贵的灵魂、高超的智慧和审美的能力，是对真善美的关注和追求。可以说，读懂、读通几部经典可以受益一辈子。《易经》《论语》《道德经》《说文解字》《礼记》等书，过去虽然读过，但随着人生阅历的增长，又有新的感悟，这就是经典的魅力所在，让人温故知新，常读常新，加上这次是带着思考去读，广泛地涉猎各种版本，进行比较、审读，加以新的概括，收获就更大了。

然而，经典毕竟是几千年前的产物，随着时代的进步，有的内涵发生了变化，这就不能“食古不化”，而应在中华文化优秀基因的基础上，赋予其新的内涵并加以丰富和发展。这就需要进行“经典今解”。这个“今解”，也是“新解”，就是习近平总书记指出的进行“创造性转化、创新性发展”，具体来说：一是选择新的视角。经典的内涵是丰富的，全面的学习是一个基础。在此基础上，要观照当下，紧扣当今人们的精神呼唤，直面新需求、新问题，用新的视角去解读、去体悟，从中获得新的答案。二是实现新的转化。中华经典是历史的产物，时代的发展必然有新的语境、新的要求，为此，在转化中要“不忘本来”，不忘中华优秀传统文化的根脉，注入时代精神，赋予新的内涵，焕发其生机和活力；要“吸收外来”，以开放的心态，接纳世界优秀的文化，取长补短，博采众长，既不自卑，也不自大；“面向未来”，着眼于造福子孙万代和永续发展，为未来的发展厚实根基，提供不竭的精神动力和力量源泉。三是致力于超越。经典可以温故知新，思想文化的新发现，科学技术的新发明，为新思想、新观点创造了新条件，这就要在新的时代加以丰富和发展。正是基于以上的认识，我从几年前就开始着手进行了“经典今解”的写作。出版了《读〈易经〉悟为官智慧》《从〈中庸〉看处世智慧》《从〈礼记〉看中华礼仪文化》等八本书，2020年又写作了《〈易经〉与中国精神》《〈论语〉与志愿服务精神》《〈说文解字〉与汉字文化魅力》《〈千金要方〉与医学人文》《〈乐记〉与中国音乐美学》《〈茶经〉与中国茶道》等作品。

中华经典解读的书籍可以说是汗牛充栋，数不胜数。但大多是进行分段的解释、考证。本套“经典今解丛书”有别于其他经典解读的地方在于：一是紧扣中华优秀传统文化的精神标识、道德标识和文化标识。我认为这三个标识集中体现为：“天下为公”的社会理想、“天人合一”的生存智慧、“民为邦本”的为政之道、“民富国强”的奋斗目标、“公平正义”的社会法则、“和谐共生”的相处之道、“自强不息”的奋斗精神、“精忠报国”的爱国情怀、“革故鼎新”的创新意识、“中庸之道”的行为方式、“经世致用”的处世方法、“居安思危”的忧患意识、“威武不屈”的民族气节、“唯物辩证”的思维方式、“仁者爱人”的道德良心、“孝老爱亲”的家庭伦理、“敬业求精”的职业操守、“谦和好礼”的君子风度、“包容会通”的宽广胸怀、“诗书礼乐”

的情感表达。这些精神和思想，跨越时空，超越国度，富有永恒魅力，仍然具有当代价值。为此，解读不面面俱到，集中从某一个侧面，选择一个主题进行解读。二是观照当下。结合当代人的现实生活，从古鉴今，增强针对性，指导生活，学以致用，活学活用。三是力求通俗易懂。经典大多比较深奥难懂，为此，必须用现代的话语进行讲解，用讲故事的方法来阐述道理，同时，选择“讲座”的形式也是一种通俗解读的方法。

“经典今解丛书”的写作，让我再一次重温经典，对我来说是一次再学习。我不仅从中增长了知识，更为重要的是心灵的修炼，虽然辛苦，但又乐在其中。由于自己的能力、水平有限，本丛书一定存在一些缺陷和不足，期待得到读者的指正。

是为序。

作者于广州

2021年9月

說文解字

与汉字文化魅力

目录

绪 论

讲《说文解字》与汉字文化魅力，首先要弄清什么是“汉字”。有人望文生义，认为“汉字就是汉代的文字”，有人认为“汉字是汉民族的文字”，这两种看法都是不准确的。准确地说，“汉字”是指记录汉语的文字或书写系统。在先秦以前，汉字就已存在，那时叫“文”“字”“书”“名”“书契”等。由于中国是一个多民族的国家，每个民族都有独特的语言或文字，不能把汉字等同于中国文字，为此，近代把记录汉语的文字称为“汉字”，作为国家的通用文字。

汉字是中国人学习知识、传承文化、提高文化修养的起点。说话、识字是一个人求知的基础。一个人认识三千多个常用字，一般的阅读和表达就足够了，假如能认识一万个字，许多古代经典就可以读通、读懂了，可以称得上是一个有文化的人了。汉字是一个人学习经典、传承中华优秀传统文化的基础。汉字是我们阅读的媒介、思想交流的工具，也是工作、生活的基本技能之一。

汉字是中华民族的标志之一。语言、文字是民族文化的典型代表。汉字和汉语是中华民族子民的“母语”和思想、情感的表达工具，汉字是中华民族文化的基因、核心载体和代表符号。

汉字，是远古时代中华文明的活化石。据考古证实，中国汉字已经有六千多年的历史，是世界上唯一没有失传、历史最悠久的自源文字。汉字是中华民族文化的“基因”，在一个个汉字的背后隐藏着历史变迁、哲学思辨、伦理道德、审美意识等，汉字是中华民族最为宝贵的文化遗产。

汉字本身就是魅力无限的文化样式。一个汉字就是一部历史、一首诗词、一个故事。一沙一世界，一字一乾坤。作为高度发达的表意文字，每个汉字都是有思想、有温度、有情趣、有内涵的“精灵”。

汉字是我们中华民族文化自信的源泉和“底气”所在。中华民族的文化自信，来自于中华历史文化悠久、积淀深厚，来自于中华民族文化独特的价值，来自于中华文化的包容力、融合力，而所有这些都离不开其基石——汉字。

汉字是增强国家认同、文化认同的基石。从秦代秦始皇推行“书同文，车同轨”开始，汉字成为国家统一的文化纽带。中国幅员辽阔、人口众多、方言多样，如果没有统一的文字，思想文化交流必然有障碍，必然导致缺乏共同的价值追求。正是有了统一的文字，并经过历史的积淀，汉字作为一种书写工具，深入每一个人的血脉之中，形成独特的价值观、文化观、历史观，成为一个国家认同的文化基础。

汉字还是增强文化软实力的重要资源。汉字是一个有待开发的“富矿”“宝矿”。汉字可以运用于广告、商标、招牌的设计之中；可运用于建筑、美术、公共艺术空间、主题公园之中；可以创作动漫、书法等艺术产品；等等。总之，汉字是发展文旅产业的重要资源，是提高中华民族文化素养的基础工程。

综上所述，汉字是中华民族文化的瑰宝，是中华民族伟大复兴的文化力量，也是祖国统一、繁荣发展的文化资源。

我们认识汉字、学习汉字、研究汉字，不能不读文字学的一部经典——《说文解字》。

东汉经学家、文字学家许慎，看到有一大批儒生随意拆解文字、附会经义的现象，下决心写作《说文解字》，以正本清源，通达造字的奥秘。他深刻地认识到汉字的表意性质，对汉字的形、义、音之间的关系有着深刻的理解，从汉字“据义构形”的特点出发，通过对字形的分析来解说字义，揭示了汉字的造字规律，成为中国最早、最系统、最科学、最具独创的民族风格的文字学专著。

许慎（约58—147），字叔重，东汉汝南郡召陵（今河南省漯河市召陵区）人。他师从古文经学大师贾逵学习古学，又校书于东观（东汉皇家图书馆），得见秘籍，被誉为“五经无双许叔重”。他博通经籍，著有《五经异义》《淮南子注》《孝经古文说》等书。和帝永元十二年（100），许慎开始创作《说文解字》。安帝建光元年（121），历时二十一年完成了这部著作。

《说文解字》揭示了汉字的造字规律，构建了汉字形、音、义、训、例的知识库，是一部彪炳千秋、

许慎画像

辉映万代的文字学著作，在源远流长的汉语书写发展史和语言文字学史上堪称一部具有划时代意义的字书，被人们誉为“中国古代字典之先河”。这部经典为我们开启了了解汉字特征的路径，打开了了解汉字的一扇大门，揭示了汉民族语言文字和思维方式的特征，提供了学中国经学乃至政治、思想和文化的一把钥匙。下面，让我们跟随《说文解字》的思想脉络进行一次汉字文化之旅，领略汉字的无穷魅力。

第一讲　汉字的起源

关于汉字的起源可以说莫衷一是，众说纷纭。

许慎在《说文解字·叙》中，阐述了汉字的起源和演变。他把汉字的发展归结为如下几个阶段。

一、第一阶段：庖牺氏作八卦

《说文解字·叙》："古者庖牺氏之王天下也，仰则观象于天，俯则观法于地，视鸟兽之文与地之宜，近取诸身，远取诸物，于是始作《易》八卦，以垂宪象。""庖牺氏"，指传说中的古代帝王伏羲，教民渔猎，并制作八卦；"象"，指日月星辰等天象；"法"，指山川地理的法则；"文"，同"纹"，指纹理、形状；"宪象"，指天地万物显示的规则现象。这段话的意思是说，古时候没有文字，伏羲氏统治天下，抬头从天上观察天象，低头从地下观察地理物类的法则，看到了鸟兽的纹理与地理的形状，近的从人身取象，远的从外物取象，这才创造了《周易》的八卦，用它来昭示自然现象的变化规律。

许慎最早意识到八卦是一套表意符号，是汉字的萌芽。有人认为，八卦是中国最早的文字符号。汉代孔安国《尚书·序》说："古者伏牺氏之王天下也，始画八卦、造书契，以代结绳之政，由是文籍生焉。"明代项穆《书法雅言》："河马负图，洛龟呈书，此天地开文字也；羲画八卦，文列六爻，此圣王启文字也。"他们认为河图洛书，八卦是文字之始。"—"和"- -"，这两个代表阳和阴，是最古老、最简约的文字符号，并有组合功能，由两极生四象，由四象生八卦，之后演

马麟《道统五祖像伏羲坐像》（局部）

乾三连　坤六断

震仰盂　艮覆碗

离中虚　坎中满

兑上缺　巽下断

伏羲先天八卦图

绎为六十四卦，它们都有特定的含义，是最古老的书契，是象形文字的鼻祖。为此，有些专家提出了汉字起易说，认为汉字起源于易学。

但这种说法似乎有些牵强，“八卦”的卦象，无论如何看不出与八个卦名的字形有何直接联系。即使有联系，也很难由八卦推出庞大的汉字系统。《易经》产生于汉字之后，“八卦”只不过是对汉字的一种解释。不过“汉字起易说”提示了中国先人造字的思维方式，从人体和自然中“取象造字”，即据象定形、据象组合、据象联想、据象定义。这个思维方式主要体现在如下的三个方面：一是“天人合一”。汉字取象于“天地人合”，许多汉字都是以“天、地、人”的突出特征加以创造的。如“人”是侧立的人（），“牛”是突出牛的角“”等等，同时，也表示天地人合一，如“天”（）字，“天”与“人”字融为一体。二是阴阳一体。汉字是一个对立统一的整体。如“明”字是“日”（即“太阳”）与“月”（即“月亮”）的组合，一阴一阳；“柔”字是“矛”与“木”的组合，刚柔相济。许多汉字左右、上下、内外的结构都是阴阳结合的。三是多维组

合。《易经》的"易"有"不易、变易、简易"之说，是一种多维时空的思维，是系统、变化、联系的思维，汉字也是如此，形、音、义三位一体是汉字最本质的特征，只有将三者联系起来理解，才能准确地表情达意。如"仁"字，其形为两人相处，其音通"人"，用二人会亲近、以人道待人之意，即对人亲善、同情、友爱。汉字与《易经》一样，是鲜活的、主体的、多维的文化符号，每一个汉字的意象组合，都是一篇精彩的文、一幅绝妙的画、一首和美的歌。

我们学习汉字是从笔画开始，笔画是汉字最基本的构件和元素。但这些简单的笔画有什么内涵，老师从来没有给我们讲解，许慎在《说文解字》中做了详细的解读，这些笔画符号反映了大千世界的意象，在一定程度上表达了汉字是如何"近取诸身，远取诸物"的。这些基本笔画的含义概括为：

点（丶）表示停顿、静止。《说文解字》："丶，有所绝止，而识之也。"意为有断绝、停止的地方，打丶号标志它。"丶"是指事字，它不能作为独立的汉字使用，是古人读书时断句的标点符号。有"丶"的意义多指停顿、静止。如"立"，为"站立”，“亭”为人们歇脚、歇息的建筑，“停”下来小憩。“丶”其形像灯头的火焰形，故“丶”也表示火星，如“主”字，“丶”为灯中的火星；又如“王”者点头，“主”意已定。

横（一）表示移动。如：“云”，云在飘动；“动”，用力推动。

竖（丨）表示贯通。《说文解字·丨部》：“丨，上下通也。引而上行，读若囟，引而下行，读若退。”本义指上下相通，引申为进退之意。因此，大多从“丨”的字，都与上下相通或进退有关，例如“串”字，本义就是相通。

撇（丿）表示分开、拉引。《说文解字·丿部》：“丿，又戾也。象左引之形。”如“丢”为丢弃，“八”为均分。

捺（乀）表示一种合起。《说文解字·乀部》：“乀，右戾也。”如“合”为合作、和合。

折（乚）表示弯曲。《说文解字·乚部》：“乚，匿也。象迟曲隐蔽形。”如“矩”，为测量垂直的曲尺。

弯（乙）表示屈曲。《说文解字·乙部》：

“乙，象春草木冤曲而出，阴气尚强，其出乙乙也。”意为象春草木弯弯曲曲而长出地面，这时阴气还强大，草木的长出要经历艰苦的突破。如“乱、艺、忆”等。

勾（亅）表示逆反。《说文解字·亅部》：“亅，钩逆者谓之亅。”“亅”如同带钩子的木橛或铁钩之形状，如“了、予、事”等。

刘冰泉先生在《中华字通》一书中将八个笔画的意义概括为“汉字八画，各表意象。点是明灯，指识象理。横为天地，阴阳变化。竖是神针，贯通上下。撇捺旁引，分和得当。弯折圆弧，八种图像，左右钩识，动静相对，巧妙组合，包罗万象”。这也许是一家之言，可供借鉴。

二、第二阶段：神农结绳

《说文解字·叙》说：“及神农氏，结绳为治，而统其事，庶业其繁，饰伪萌生。”意思是说：“到了神农氏时，用结绳的方法来管理记事，但极其繁杂，巧饰伪诈的事务不断发生。”

结绳记事法

《易经·系辞下传》第二章云：“上古结绳而治，后世圣人易之以书契。百官以治，万民以察，盖取诸《夬》。”意思是说，上古时代，用结绳记事的方法来治理天下，后代的圣人改为使用汉字记事，官员得以治理天下，百姓得以知过往，这大概是取象于《夬》卦。“作结绳而为网罟（gǔ），以佃以渔。”“网”为打猎所用，“罟”为捕鱼所用，“佃”为打猎之意。伏羲编草为绳并且制成罗网，用来打猎捕鱼，这大概是取象于离卦。结绳记事，是以大小及数量来示意的（金文中几个十的倍数的字，如十作十，廿作卄，卅作卅，四十作卌，就可能是古代结绳记事的遗迹），它是文字形成前主要的计数和示意符号。

关于结绳，虽然我们找不到直接相关的考古遗存，但是人类学资料和其他考古表明，在文字出现之前，结绳是人们用来记录的普遍方法。如古时云南景颇族出行必配长刀，就是利用刀柄上的穗子打结，以计算日程。

新石器时期以来的陶器刻画资料上出现的许多文字都有着结绳的痕迹，如金文中的“卖”字，写作，繁体为賣，意为将货物展示给人看，眼睛上面打了一个“结”。结绳说太过于简单，已经不能解决事物发展繁杂的需要，但是它告诉我们汉字的一个重要的功能是记事，汉字具有超越时空的特点，可以帮助我们记忆、传递、传承信息。

三、第三阶段：仓颉造字

《说文解字·叙》说：“黄帝之史仓颉，见鸟兽蹄迒（háng，鸟兽的脚印）之迹，知分理之可相别异也，初造书契。百工以乂，万品以察，盖取诸《夬》。‘夬，扬于王庭’，言文者宣教明化于王者朝廷，君子所以施禄及下，居德则明忌也。”

“仓颉之初作书，盖依类象形，故谓之文；其后形声相益，即谓之字。文者，物象之本；字者，言孳乳而浸多也。著于竹帛谓之书，书者，如也。”

第一段话的意思是说：黄帝的记事官仓颉看到鸟兽的足迹，懂得其纹理可以相互区别开来，于是开始创制文字。各行各业得以治理，万事万物得以辨明，所有事物可以分别。夬为六十四卦之一，卦象为分决、决断之意。古人认为文字能决断万事，故文字的创造取法于夬卦。一切分决的事情都在朝廷上宣扬。这是说文字是用来在朝廷上宣明教化的，是在位者施惠于臣民，有德者增修德行、明白禁忌的工具。

第二段话的意思是说：仓颉开始创制文字时，大抵按照物类描摹其形状，所以叫作“文”。后来形旁声旁互相组合增益，就叫作“字”。文，是事物形象的本来面貌；字，则是由文滋生出来，逐渐增多的。刻写在竹简帛卷上的叫作书，书，到成书时才能如其意。“文”“字”“书”有了明显的区别。

许慎在这里说，汉字的始祖是仓颉。那么仓颉是什么人？

仓颉像

据《春秋元命苞》记载："仓帝，名颉，号史黄氏，姓侯冈，黄帝时史官。龙颜侈侈（chǐ），四目灵光，上天作令，为百王宪，实有睿德，生而能书。及受河图洛字，于是，穷天地之变化。仰观奎星圆趋之势，俯察龟文鸟语山川，指掌而创文字。"仓颉，复姓侯冈，名颉，号史黄氏。仓颉是黄帝的史官，与常人不同，仓颉是一个奇人，"龙颜侈侈"指额头很大，"四目灵光"是说四只眼睛灵光闪闪，四只眼睛是指"重瞳"，应该是一个眼珠里有两个瞳孔。古代相术认为"重瞳"是一种异相、吉相，是有特异功能的特殊人才。我认为是有肉眼、慧眼、法眼、天眼，仓颉仰观天象，俯察地理，近取诸身，远取诸物，发明了汉字。

据说，有一天仓颉走到了一个三岔路口，看到三个人在争论，一个说往东走去追羚羊，一个说往西走去追野猪，一个说往南走去追小鹿。仓颉觉得奇怪，他们怎么知道每条路上有什么猎物。一问才知道，原来，他们是根据动物留在地上的脚印做出判断的。这件事给了他灵感和启发，既然可以用脚印来判断动物，那自己也可以用一个图案和符号来表示一种东西。这样，他利用鸟的足迹，模仿出笔画。后来他又用龟纹创造出形状或动态，创造了文字。

仓颉造字是一个伟大的创造，惊天地泣鬼神。《淮南子·本经训》载“昔者仓颉作书，而天雨粟，鬼夜哭”。

这是说，仓颉造字成功，发生了怪事，那一天白日竟然下粟如雨，晚上听到鬼怪哭嚎。为什么下粟如雨呢？因为仓颉创造了文字，可用来传达心意、记载事情，从此国泰民安、丰衣足食。但鬼为什么要哭呢？这是因为有了文字，民智日开，民德日盛，人征服自然界的能力变强，天地万物已不能隐其形，所以鬼才吓得夜间啼哭，这就是仓颉造字惊天地泣鬼神的传说。

黄泽政“四尺人物画”《仓颉造字图》

仓颉“初造书契”有两种解释：一是书、契分开，即仓颉创造了文字和契刻两种记事方法。二是连读，即仓颉创造了“书契”这种方法。青海柳湾原始社会墓地出土的马场类型陶器上，发现了一批刻画符号。大多是用作记事、记数和通信的，可视为“书”“契”并存的证据。

其实，汉字的诞生并非一人一手之功，应该是广大人民群众的创造，仓颉把流传于先民中的文字加以搜集、整理、规范，是汉字的统一者，是发明汉字的集大成者，是造字的伟大代表者，为此他被称为“万世文字之祖”。黄帝为表彰他的功绩，赐以“仓”（倉）姓，意为“君上一人，人下一君”。在仓颉之后，汉字经过几千年的传承、发展、改进，自成体系，日益完善，成为世界上最实用、最美丽的文字。

四、第四阶段：五帝三王阶段

《说文解字·叙》说：“以迄五帝三王之世，改易殊体，封于泰山者七十有二代，靡有同焉。”

这段话的意思是：到了五帝三王的时代，文字出现了很多不同的字体，在泰山封禅的七十二代帝王，留下的文字没有相同的。

“五帝三王”即“三皇五帝”，“三王”指三代之皇，即燧人、伏羲、神农；“五帝”有不同的

《黄炎结盟》壁画，绘于河南新郑黄帝故里

说法，《史记·五帝本纪》指黄帝、颛顼（zhuān xū）、帝喾（kù）、尧、舜。

关于这一说法的记载十分丰富，但是没有具体的考古史料来支持。许慎是根据历史进化而言的。他意识到从黄帝初造书契到周宣王大篆、左氏古文，中间必定有一个过程，就是五帝三王的过程。但由于没有丰富的史料支持，他只能笼统地说“改易殊体”，即文字屡经改变，成为种种不同的形体。古代帝王在泰山举行封禅礼的次数非常多，但历代封山祭天所埋的玉牒文书上的文字没有相同的。许慎在这里是讲文字在不断地演变而逐渐形成。

关于文字的起源还有两种说法：一是认为汉字由画演变而来，即用形演化。持这一观点的人认为书画同源，画取象，书取形。两者通过“散点透视”的方法将不同时空的意象组合在一起。汉字最早出现的大多是象形字。段玉裁说：“象形、象事、象意、象声，无非象也，故曰古人之像。文字起于象形。日月星辰山龙华虫宗彝藻火粉米黼黻，皆象其物形，即皆古象形字。”汉字是由图画—文字画—文字逐步演进的。

中国自古就有“书画同源”一说，这是因为最早的文字来源就是图画，书与画好比是兄弟，同根生，

象形字

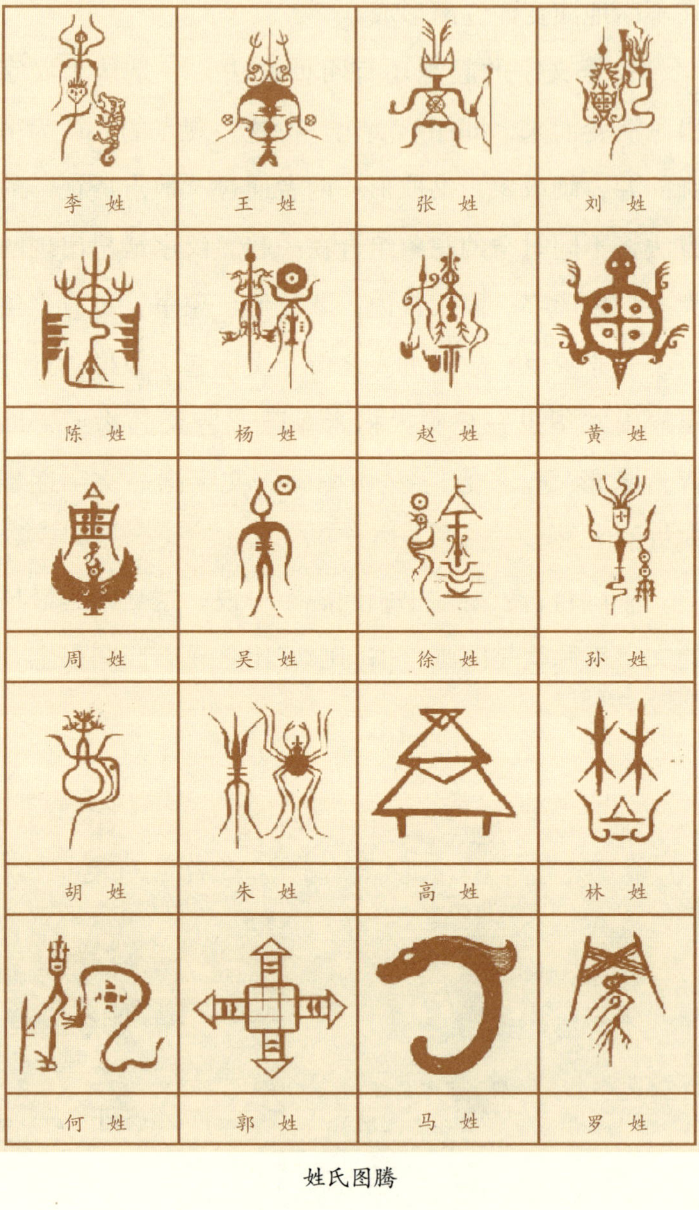

姓氏图腾

有很多内在的联系，原始人在生活中用“图画”表达自己的思想，慢慢地从原始图画变成了一种“表意符号”。我们来看“書”（书）和“畫”（画）字，两字均从“聿”，是出自“筆”（笔）下的东西。“書”是筆下“曰”言，用筆述事，用文字叙述的事多了，就成了“書”。“畫”是筆下“田一”，即用筆描绘“田地”的风景，用图来表达自己的“话”。“書”“畫”均出自作者筆下，都是作者表达思想、感情、意义的工具。现在的许多象形字，就像一幅图画。这里略举一些例子。

如：山，水，火等。

还有人说，“汉字起源于图腾”，是一种信仰崇拜。这可以从古人的图腾中看到文字的影子。

图腾是原始人相信某种动物或自然物同氏族有血缘关系，因而用以作为本氏族的徽号或标志。人们把这些动物、植物或非生物当作自己的祖先或保护神，相信它们不仅不会伤害自己，而且还能保护自己，并且能给予自己力量、勇气和技能。下面，看看《姓氏图腾》。

让我们看看几个有代表性的姓氏图腾。

（一）陈姓图腾

陈　姓

这是太昊氏炎帝氏及其后裔的天文中心的象形。陈由“东”和“太阳升降的阶梯”组成，意为太阳从东方逐渐地升起，表达了对太阳的崇拜。

（二）黄姓图腾

黄　姓

黄字的甲骨文，象形字， 象佩瑾之形，上为系，中为双瑾并联状，是一种半环状佩璧。分则为璧，合则为瑾，古代称“复”，表达了对玉石的崇拜。同时，其形状是龟，龟为长寿之物，也表达了对龟的崇拜。

（三）张姓图腾

张　姓

张姓是炎帝共工氏创造的图腾标志。共工氏是张氏的始祖。张姓的图腾像一个人，手中持弓。张姓的祖先大概是以制弓箭为职业的工匠。

（四）贾姓图腾

贾姓源于炎帝时日中为市、以物易物的集市。由“西”“鸟”“贝”组成。“鸟”代表物，“西”像竹木编的圆形器具，“贝”是古代交易的货币，“贾”是储货坐卖的商人。贾姓图腾表示对古代从事商品贸易的崇拜。

贾 姓

（五）叶姓图腾

叶姓的图腾是树木上长了许多叶子。其崇拜的对象是树木，也表示司农之官或农耕之族。

叶 姓

汉字起源的说法可以说是五花八门，易学说、书画说、图腾说都产生于汉字存在之后，有点附会，所以，仓颉造字说比较可靠。

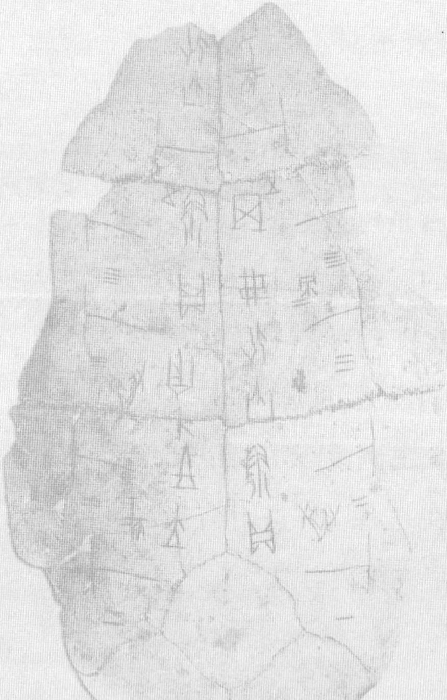

第二讲 汉字的演变

汉字的演变遵循了事物的发展规律，经历了诞生、成长、成熟、定型的发展阶段。了解汉字的本意要从字的最初“长相”去认识，从演变中看到其意义的延伸。汉字的“长相”经历了从甲骨文、金文、篆书、隶书到楷书、行书、草书的演变过程。由于在许慎的年代，甲骨文尚未被发现，他讲汉字有六种字体的演变，这个演变与今天为史料所证明的演变是不同的。《说文解字·叙》：“时有六书：一曰古文，孔子壁中书也。二曰奇字，即古文而异者也。三曰篆书，即小篆。秦始皇帝使下杜人程邈所作也。四曰左书，即秦隶书。五曰缪篆，所以摹印也。六曰鸟虫书，所以书幡信也。”意思是说，在王莽的时代，当时有六种字体：一是古文，这种文字出自孔子住宅的壁中收藏的一批古籍；二是奇字，即古文中的异体；

三是篆书，即小篆，是秦始皇让下杜人程邈整理的；四是左书，即秦代隶书；五是缪篆，用来摹刻印章；六是鸟虫书，用来书写旗帜、符节。许慎讲的仅仅是篆书到隶书的演变，而此前的演变因缺乏史料，未能概括汉字演变的全貌。下面我们按汉字的演变过程做一个介绍。

一、第一阶段：甲骨文

大约是在公元前14世纪，殷商后期，“表意符号”演变成了比较定型的“甲骨文”。这被认为是“汉字”的第一种形式。被刻在乌龟的龟板上或动物的骨头上，从河南殷墟中发现的文字，被认为是现代汉字的“祖先”，这一点就可以证明中华文明的连续性。几千年以来，中东人都不能解读他们祖先的象形文字。而中国则不然，有些甲骨文我们还能读懂一些。

甲骨文是中国已发现的古代文字中时代最早、体系较为完整的文字。甲骨文主要指殷墟甲骨文，又称为“殷墟文字”“殷契”，是殷商时代在龟甲兽骨

甲骨文

上的文字，19世纪末在殷代都城遗址（今河南安阳小屯）被发现，是中国商代后期（前14—前11世纪）王室用于占卜记事而刻（或写）在龟甲和兽骨上的文字。殷商灭亡周朝兴起之后，甲骨文还延绵使用了一段时间。

古代甲骨上的刻画痕迹被确认为是商代文字，是19世纪末、20世纪初中国考古的第三大发现（敦煌石窟、周口店猿人遗迹）之一。它的发现既十分偶然，又富于戏剧性。

光绪二十五年（1899）秋，在北京清朝廷任国子监祭酒（相当于中央教育机构的最高长官）的王懿荣（1845—1900）得了疟疾，派人到宣武门外菜市口的达仁堂中药店买回一剂中药，王懿荣无意中看到其中的一味叫龙骨的药品上面刻画着一些符号。龙骨是古代脊椎动物的骨骼，在这种几十万年前的骨头上怎会有刻画的符号呢？这不禁引起了他的好奇。对古代金石文字素有研究的王懿荣便端详起来，觉得这不是一般的刻痕，很像古代文字，但其形状又非大篆、小篆。为了找到更多的龙骨做深入研究，他派人赶到达仁堂，以每片二两银子的高价，把药店所有刻有符号的龙骨全部买下，后来又通过古董商范维卿等人进行搜购，累计共收集了1 500多片。

他对这批龙骨进行仔细研究分析后认为，它们并非什么“龙”骨，而是几千年前的龟甲和兽骨。他从甲骨上的刻画痕迹逐渐辨识出“雨”“日”“月”“山”“水”等字，后又找出商代几位君王的名字。由此肯定这是刻画在兽骨上的古代文字，从此这些刻有古代文字的甲骨引起了社会各界的关注，文人学士和古董商人竞相搜求。

在甲骨文确认以前，河南省安阳市小屯村的农民在耕作时就不断在农田里挖刨出古代甲骨。据说把甲骨当作药材拿到中药铺去卖的第一个人是一个叫李成的剃头匠。一次他得了一种脓疮病，没钱求医购药，就把这些甲骨碾成粉敷到脓疮上，想不到流出的脓水被骨粉给吸干了，而且发现骨粉还有止血的功效。从此他就把它们收集起来，说是龙骨，卖到了中药铺。

经过许多学者专家的考证研究，所谓龙骨其实是商代占卜用的工具。人们在占卜之前，先把龟甲和牛肩胛骨锯削整齐，然后在甲骨的背面钻出圆形的深窝或浅槽，占卜时，先把要问的事情向鬼神祷告述说清楚，接着用燃烧着的木枝，对深窝或槽侧烧灼，烧灼

甲骨文与今文对照

到一定程度，在甲骨的相应部位上便显现出裂纹来。于是，占卜者根据裂纹的长短、粗细、曲直、隐显，来判断事情的吉凶、成败。占卜后，便用刀子把占卜的内容和结果刻在卜兆的近处，这就是卜辞。刻有卜辞的甲骨被当作档案资料妥善收藏在窖穴中，遂得以流传于后世。发现甲骨文的故事，后来被人们称为“一片甲骨惊世界”的奇迹，在中国和世界考古史上写下了带有传奇性的篇章。

甲骨文的特征是形如人体的“骨”，特别“瘦”，大多是象形字，可以看到是对大自然的临摹，具有自然之美。

二、第二阶段：金文

金文是指铸刻在殷周青铜器上的铭文，也叫钟鼎文。商周是青铜器的时代，青铜器的礼器以鼎为代表，乐器以钟为代表，“钟鼎”是青铜器的代名词。所谓青铜，就是铜和锡的合金。中国在夏代就已进入青铜时代，铜的冶炼和铜器的制造技术十分发达。因为周以前把铜也叫金，所以铜器上的铭文就叫作“金

金文

文”或“吉金文字”；又因为这类铜器中以钟鼎上出现的字数最多，所以过去又叫作“钟鼎文”。金文应用的年代，上自商代的早期，下至秦灭六国，约1 200年。金文的字数，据容庚《金文编》记载，共计3 722个，其中可以识别的字有2 420个。

金文如人之身体，特别“丰”，即丰润、丰满，刚劲，具有朴拙刚健之美。

商四祀邲其卣

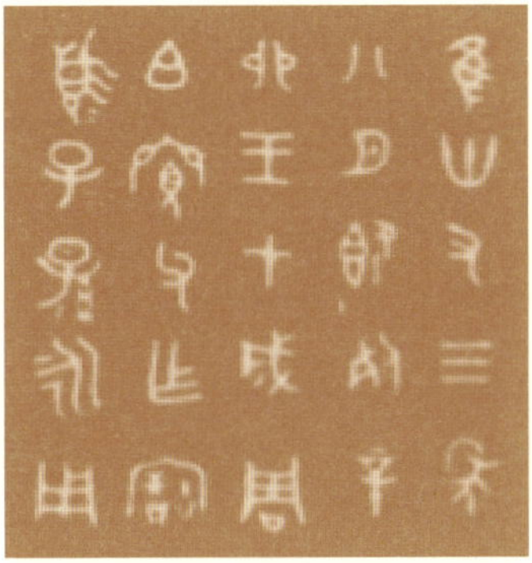

西周伯父盨（伯窥父盨）铭文

三、第三阶段：篆书

许慎在《说文解字·叙》中说："及宣王太史籀，著大篆十五篇，与古文或异。至孔子书六经，左丘明述《春秋传》，皆以古文，厥意可得而说。其后，诸侯力政，不统于王，恶礼乐之害己，而皆去其典籍，分为七国，田畴异亩，车涂异轨，律令异法，衣冠异制，言语异声，文字异形。"

这段话的意思是说，到周宣王时，太史令籀写了大篆十五篇，与古文略有不同。到孔子写六经，即《易》《诗》《书》《礼》《乐》《春秋》，左丘明著《春秋传》，都用古字，其字义还能说得明白。此后，诸侯用武力征战，不受周王朝统领，厌恶礼乐制度妨碍自己，就把那些典章文献都废弃了。他们分成七个诸侯国，各国土地计量单位不同，道路上车辙宽窄不同，法律制度不同，衣冠服饰不同，语言声音不同，文字形体也不同。

在这里许慎讲在春秋战国的时候，文字、语言各不相同，为思想、文化交流带来了障碍。于是，出现了“书同文”的发展要求，这一伟大的创举是由秦始皇完成的。

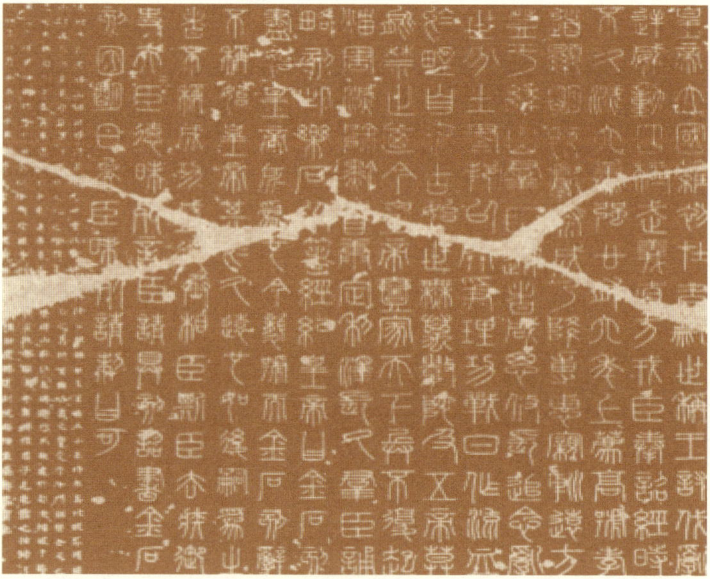

秦李斯书《峄山碑》局部

许慎在《说文解字·叙》中说："秦始皇帝初兼天下，丞相李斯乃奏同之，罢其不与秦文合者。斯作《仓颉篇》，中车府令赵高作《爰历篇》，太史令胡毋敬作《博学篇》，皆取史籀大篆，或颇省改，所谓小篆者也。是时，秦烧灭经书，涤除旧典。大发吏卒，兴役戍，官狱职务繁。初有隶书，以趣约易，而古文由此绝矣。"

这段话的意思是说，秦始皇统一天下，丞相李斯就奏请统一文字，废除那些与秦国文字不吻合的字体。李斯作《仓颉篇》，中车府令赵高作《爰历篇》（为篆书教材），太史令胡毋敬作《博学篇》，都取自史官籀的大篆，有些稍作简化和改动，就形成了所谓的小篆。这时，秦朝焚烧经书，扫除旧时典籍，征发隶卒，大兴戍边和徭役，官府、牢狱事务繁杂，于是开始产生隶书，以适应简约便捷的要求，古文就因此不再使用了。

小篆是在秦始皇统一六国后（前221），推行"书同文，车同轨"的政策，由宰相李斯负责，在秦国原来使用的大篆的基础上进行简化，取消其他六国的异体字，创制的统一文字书写形式。小篆的代表作是《泰山刻石》。由于篆书笔法圆融平正，结体典雅和平，字体优美，始终被书法家所青睐。又因为其笔画复杂，形式奇古，而且可以随意添加曲折，印章刻制上，尤其是需要防伪的官方印章，一直采用篆书。

篆书如人之运行，特别“柔”，即柔和、柔顺，具有轻柔之美。

四、第四阶段：隶书

汉西岳华山庙碑（局部）

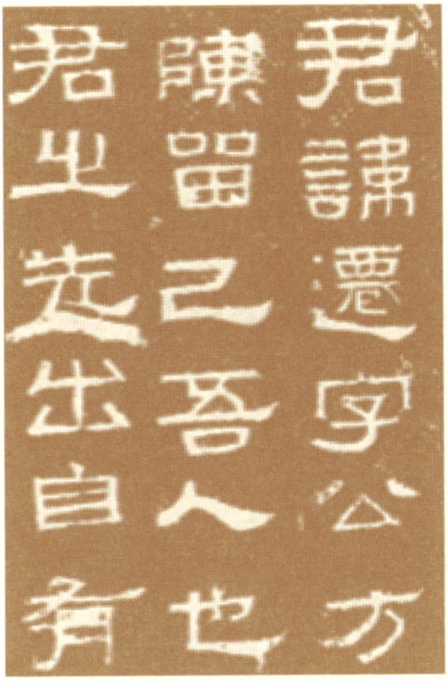

汉张迁碑（局部）

由于小篆的笔画线条弯曲，书写的效率较低，汉代把篆书的曲线改为平直方正的写法，于是出现了隶书。隶书是汉字中常见的一种庄重的字体，书写效果略微宽扁，横画长而直画短，呈长方形状，讲究“蚕头燕尾”“一波三折”。隶书起源于秦代，成熟于汉代，由程邈发明。由于程邈是一个徒隶，起初又专供隶役使用，所以这一书体称之为隶书。隶书在东汉时期达到顶峰，书法界有“汉隶唐楷”之称。隶书的代表作是《曹全碑》。

隶书的产生是汉字的一次大革命，其意义不仅在于使汉字从此走向了符号化、规范化，而且改变了汉字的书写方式和审美趋向，并为楷书书法艺术的产生奠定了基础，进而为中国书法艺术的发展和繁荣开辟广阔的天地。

隶书的特点是扬张，特别“霸”，有霸气，向上挑起，轻重顿挫富有变化，具有稳重而又流畅之美。

五、第五阶段：楷书、行书、草书

后来，汉字的书写变成了一种艺术，出现了楷书，犹如人之站立。特别是正楷书体的产生，紧扣汉隶的规矩法度，而追求形体美的进一步发展，汉末、三国时期，汉字的书写逐渐变波、磔而为撇、捺，且有了“侧”（点）、“掠”（长撇）、“啄”（短撇）、“提”（直钩）等笔画，使结构上更趋严整。楷书的特点在于规矩整齐，是字体中的楷模，所以称为楷书，一直沿用至今。楷书是我国南北朝到唐朝最为流行的一种书体。

楷书的特点是棱角分明，结构平稳，具有方正端庄之美。

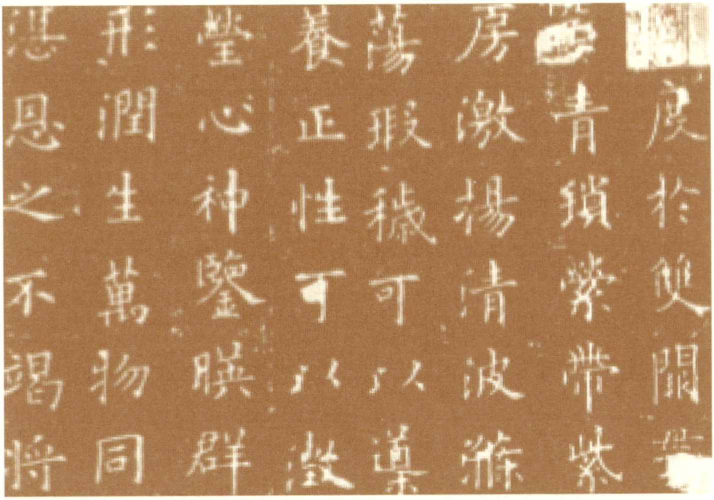

唐欧阳询《九成宫帖》（局部）

行书是介于楷书与草书之间的一种书体，大约出现在西汉晚期和东汉初期。唐代张怀瓘《书断》记载：“行书者，后汉颍川刘德升所作也。即正书之小

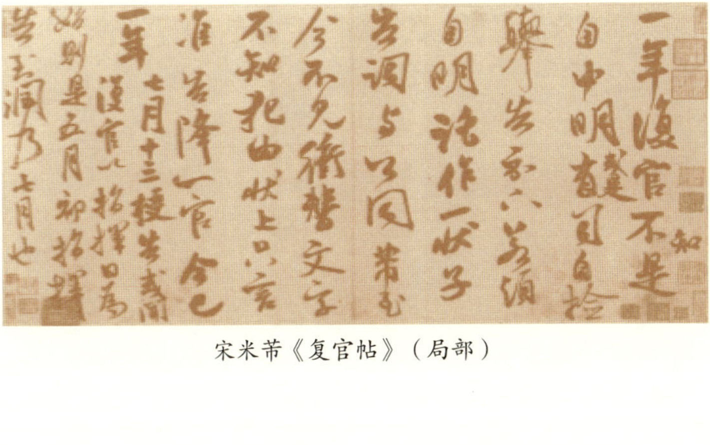

宋米芾《复官帖》（局部）

伪，务从简易，相间流行，故谓之行书。”张怀瓘在其《书议》又云：“夫行书非草非真，离方遁圆，在乎季孟之间，兼真者谓之真行，带草者谓之行草。”行书正因其行云流水、书写快捷、飘逸易识的特有艺术表现力和宽广的实用性，从产生起便深受青睐，广泛传播。行书历经魏晋的黄金期、唐代的发展期后，在宋代达到了新的高峰，于各种书体中逐渐占据主流地位。

行书如人之舞蹈，特别“俊”，具有秀气灵动之美。

草书是汉字的又一种书法字体。它出现较早，从汉代初期，书写隶书时有时会“草率”地书写而形成的，由于汉章帝喜好草书，因此被称为“章草”，

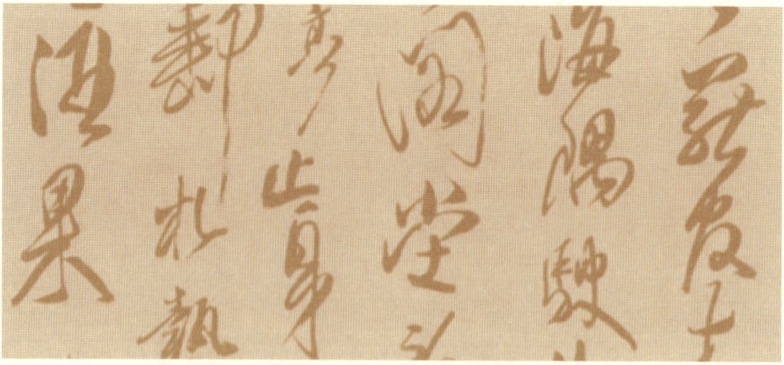

清傅山《贺毓青丈五十二得子诗卷》（局部）

是一种隶书草书。章草字字独立，接近于行草，但对难写之字简化不多，书写不变。后来楷书出现，又演变成“今草”，即楷书草书，写字迅速，往往上下字连写，末笔与起笔相呼应，每个字一般也有简化的规律，但不太熟悉的人有时不易辨认。一般也把王羲之、王献之等人的草书称为今草。日语中的平假名是以汉字的草书形式为蓝本创作的。

草书如人之飞舞，特别“逸”，具有潇洒超脱之美。

书法艺术，建立在汉字基础上，用毛笔书写，形成了具有四维特征的抽象符号艺术。汉字左右对称、阴阳互映、方圆统一，反映了万事万物“对立统一”的基本规律，表达了中国人传统的精神、气质、学识和修养。至此，文字的书写发展到审美阶段，逐渐成为中国艺术的一种表现形式。这些就是文字的演变过程。下面，让我们以“人”字为例看其演变。

“人”字演变

第三讲 《说文解字》的主要贡献

许慎花毕生的心血写作《说文解字》，其目的主要有两个：

一是传承经典，安邦治国。他在《说文解字·叙》中说：“盖文字者，经艺之本，王政之始。前人所以垂后，后人所以识古。故曰：本立而道生，知天下之至啧而不可乱也。”许慎在这里说，文字是六艺经传的基础，是治理国家的先决条件。前人用来传示后人，后人靠它来认识古代文化。所以说，基础树立了，“道”就会产生；懂得天下最深奥的道理，就不会产生错乱。语言文字是增强文化认同的基础，是文化传承的根基，也是安邦治国的重要工具。可见，汉字、汉语教育是何等的重要。

二是从根本上纠正当时社会上任意说文解字的混乱现象。许慎指出：“今叙篆文，合以古籀。博采通人，至于小大。信而有证，稽撰其说，将以理群类，解谬误，晓学者，达神恉（zhǐ，意旨），分别部居，不相杂厕也。万物咸睹，靡不兼载。”许慎说：现在叙说小篆、古文、籀文结合起来，广泛采纳通晓古今的学者的意见，无论大大小小的问题，都真实可靠，有理有据。考究诠释文字的各种解说，按道理为文字分类，破除谬误之见，使读书人明晓字义，通晓造字的神妙之旨。文字分别按部首排列，彼此不相混杂。万物都可以在书中看到，没有什么不完备的记载的。

《说文解字》作为“前所未有之书”，收字9 353个，异体字1 163个，一共10 516字，这本万字之书可以说集汉字之大成。它是一部文字学的奠基之作，开创了部首检字的先河，是我国语文学史上第一部分析字形、解说字义、辨识声读的字典。《说文解字》内容丰富，包罗万象，可以说是先秦至汉文化的百科全书，是研究古文、小篆和古音、训诂不可或缺的工具，也是我们研究古代历史、经济、政治、文化、风俗习惯的宝贵材料。概括起来，《说文解字》有三大贡献。

一、发现了"六书"造字法

许慎的《说文解字》揭示了汉字造字之神妙，概括了"六书"这一造字法，发现了造字的规律。

六书，指象形、指事、会意、形声、转注、假借。它另有些异称，如指事也有人称为象事，形声也有人称为象声之类。排序先后也有争论，有人认为指事先于象形。不过，我以为应是象形为先。下面对"六书"做一个简要的介绍。

（一）象形

许慎在《说文解字·叙》中说："象形者，画成其物，随体诘诎，'日''月'是也。"象形就是画出事物，按照它的形状曲折描摹，"日""月"两个字就是这样的。象形造字法就是依照事物的轮廓、特征，通过描绘、勾勒来表现事物的方法。许慎在这里讲了象形字的两个特征：一是画成其物，必须"象"其"形"，即它所指的事物的形象，见而可识，识而知义；二是以简约、明晰的笔法再现事物的"图案"，这类字的构形，并不追求规整，而是追求物象与字体之间最大的形似。例如以下几例：

（山）像起伏相连的山峰。

（水）两边虚化，中间写实，像横在面前的一条大河。

（川）两边为夹持的堤岸，中间水流虚化，是流动不断的河流的描绘。

（火）为燃烧的火堆之形。

象形字近似于文字画，但它不是画。因为对“象”有所取意，于形又不尽拟似。

（日），画出太阳的轮廓，中间有一点，表示发光。

（月），形状是一轮弯月，取象则非一轮满月，而是月缺之状。为何只取缺月不取圆月呢？《说文·月部》云：“月，缺也。”实与缺，就是两个观念，是人对日象月象的体会。于日见其实有力量，于月生起盈缺变化之感。故象形者，其实非象其形，乃象其义也。

又如人字，甲骨文为，人可以有许多形，例如可仰、可卧、可跪，但人字只取人站立之形。站着才是个人，其他动物就不能像人那样“站立”，故此为人之特征。人若正面站立，伸张双手，那就像顶天立

地的“大人”。老子在《道德经》第二十五章中说：“故，道大、天大、地大、王亦大”，古人造字之际，不但象形，而且意丰。

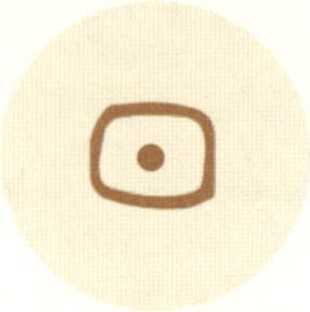

日
太阳的轮廓，
中间一点表示发光

月
弯月之状，
中间一点表示发光

山
像起伏相连的山峰

水
像横在面前的
一条大河

火
燃烧的火堆之形

象形字举例

宋代郑樵曾说象形有两类，一是山川、天地、井邑、草木、人物、鸟兽、虫鱼、鬼物、器用、服饰等，均象实物之形；另一类是象貌、象数、象位、象声、象属，均象抽象之物。其实，象抽象之物，固然是取义立象，非同描摹刻画（因为本无具体形状可以画）；即使是象实物，如上文所述，仍然是取象而非画像。

象形字是依照实物的轮廓、特征，通过描绘、勾勒来表现事物的方法。象形字就像一幅画，相像于一类事物，是很直观的。因此，“画成其物”。象形字大都可以画成一幅汉字画。象形字占汉字的总量并不大，据对《说文解字》9 353个汉字做的统计，象形字为264个，仅占总数的2.8%。

（二）指事

许慎在《说文解字·叙》中说：“指事者，视而可识，察而见意。‘上’‘下’是也。”意为指事就是一看能认识，仔细观察就发现意义，“上”“下”两个字就是这样。在一横上画一点或一笔，以示在上之意；在一横之下画一笔或一点，以示在下。这一点或一笔，就是指事的办法。如刀上加一点为刃，木下加一横为本，人顶上加一长绺则为长，凡此等等，其为以义构形。

指事字=象形图绘＋字素，可以“视而可识，察而见意”。指事造字法是象形造字法的逻辑延伸，所有指事字都以象形字为基础，即先有象形而后有指事，同时，指事字无一例外都必须含有象形之外的“字素”成分。

本
在象形字“木”的下端添一短横，表示向下生长的树根

末
在象形字“木”的上端添一短横，表示向上生长的树梢

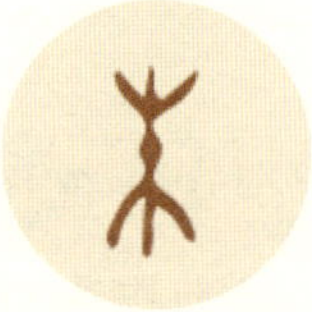

朱
在象形字“木”的中部添一短横，表示伐倒的树干和树桩

兀
在象形字“人”的头部添一短横，表示被砍掉脑袋的人体

巴
在象形字“卩”的胸前添一短横，表示趴伏在地

指事字举例

（三）会意

许慎在《说文解字·叙》中说：“会意者，比类合谊，以见指㧑，‘武’‘信’是也。”会意字，一是比类合谊，即把两个以上表意符号结体为一（比类），构成新的意义合宜，以体现造字的旨意，“武”“信”两个字就是这样。指事多是在独体象形

文上加一些符号来示意，若加的符号本身是个独立的文，那就构成了会意字。如持戈打仗为武、人言为信、日月为明、鱼羊为鲜、人牛为件、子女为好、两手为友、两贝为朋、心脑相合为思、以手执耳为取、分贝为贫、躬身困居洞穴为穷、困坐一室为囚、女子执帚为妇、室有豕畜为家等。二是“以见指㧑”，即由表意符号各自显现的形象或词义，以及它们之间的“相位”引发或牵引出一个新的概念意义（指㧑）。

会意造字法，即由两个以上表意符号结为一体，合成一个新字，表示新的概念意义的造字方法。和象形、指事相比，会意法具有明显的优越性：第一，它可以表示很多抽象的意义；第二，它的造字功能强。《说文解字》收会意字1 167个，比象形字、指事字多得多。

“休”，甲骨文写作  。由两个表意符号构成，左旁为侧身之人，右旁为一棵树的象形，会意人在树荫下歇息之意。

“古”，金文写作，从十从口，以十口相传表示年代久远之事。古时在文字出现之前，历史是口口相传的。

（四）形声

许慎在《说文解字·叙》中说：“形声者，以事为名，取譬相成，‘江’‘河’是也。”意思是说，形声就是依据事物的义类确定字的形旁，再取与它读音相近的字作为声旁组合而成，“江”“河”两字就是这样。形声，从构字原理上看，与会意完全相同。不同者，在于会合的意符中有一个是兼具声音性质的。如街坊的“坊”，意思就是一个地方，故合“土”与“方”见意，“方”又代表了这个字的音。这即是形声。“方”音之字，有“坊、访、芳、仿、枋、钫”等；“分”音之字，有“纷、粉、岔”等；“古”音之字，有“姑、估、固、诂、苦、罟”等，都是形声。形声的声符基本上也都是义符（除了一些状声字，如“江、河”；一些方言特名；一些假借造字，如“禄”的“录”声是由“鹿”借来的等），因此形声字仍是以义构形的，非音标文字。

形声字是由两个文字复合成体，由表示意义范畴的意符（形旁）和表示声音类别的声符（声旁）组合而成。形声字是最广泛的造字形式。意符一般由象形字或指事字充当，声符可以由象形字、指事字、会意字充当。形声字弥补象形、指事和会意不能直接标声的缺陷，在世界范围内，表意向标音的过渡乃是一切文字发展演变的共同规律。

汉字大多是形声字，大致也是有规律的。

一是模拟大自然的声音。

如鹊（que）、鸽（ge）、鸡（ji）、鸭（ya）、鹅（e）、牛（niu）均模拟不同鸟兽类的叫声表示读音。如敖（ao）模拟人欢呼雀跃时的欢叫声。铚（zhi）模拟镰刀割禾之声。咚咚（dongdong）模拟打鼓的声音。轰（hong）模拟雷声。雀，来自麻雀的叫声。号，是号角发出长声的拟音。活，是小河水流动的声音。

二是源自行为伴随的声音。即指人类施于某种动作时自然而出的呼喊声，或实施某种行为时的拟声。如咳嗽、打喷嚏等。

“吾”，从口，五声。好像用手掌捂住口后的发声“wu、wu、wu”，表示“这是我”。

三是源自物象指代的声音。即指一组汉字因物象之间在一定的抽象程度上，具有某种相似性，因而具有相同的发声。这就是同音意通。

如“二、耳、而”，发声相同。“二”为两个。“耳”为脑袋两边各一个。“而”为男子的胡须，在口的上下和脸颊皆有。

如“炮”“抛”两字，“炮”指一种重型武器。从发音看，本身具有打炮的“爆发力”；从字形看，携带了从冷兵器时代进入热兵器时代，点火放炮要用药包的信息。“炮”字读炮，包含着要把炮弹“抛”向目标的用意。又如“美丽”“魅力”，“美丽”一词，即好看。一个人因为“美丽”就会产生“魅力”。所谓“魅力”，就是有让对方“鬼迷心窍”的能力。“魅”者，从“鬼”，但又“未”明见，所以把人吸引。有了“魅力”，那么就会产生吸引力。美丽是魅力的基础，或者倒过来，为有魅力，先注重美丽。

中医讲“心乃神明之府”。汉字的“语可通神”，讲的就是汉字可以听音知意，听音达道。

四是源自气息流动的声音。人发声必须与气息相一致，否则，发声会很难受。

如说“大、大、大”，音波在不断向外扩散放大；“小、小、小”，音波在不断向内收缩缩小。

又如，说“来、来、来”时，气往内收；说“去、去、去”时，气往外吐。

再如，当发“唇、齿、舌、喉”这四个字的字音时，所用的发音部位，很自然地用“唇、齿、舌、喉”这四个部位。当发“酸、甜、苦、辣”这四个字的声音时，舌头味觉的部位，也与发音部位基本完全一致。这说明，汉字、汉语是一种自然语言。

（五）转注

许慎在《说文解字·叙》中说：“转注者，建类一首，同意相受，‘考’‘老’是也。”意为转注，就是按字义分类，归于一个部首，其中诸字意义可以互相贯通，“考”“老”两个字就是这样。转注，历

转注字义互通

来解释有两类。一以形为类。就是说像“考”“老”两字，字形同类，而意义又可以互通，即为转注。一说类为声类，“考”“老”二字之声同类，意又相近，故可转相注释，故为转注。总之是指声义或字形上有关联的同义字。

所谓转注，是两字之间的互相解释，约等于互训。转注字中大多为同源字，同源字是从同一语源中分化出来，形、音、义有相似性的一组字，它们的产生有文化因素，后来多为古今字。如“昏”同“婚”字，上古时期“昏”也有结婚的含义，上古男女都在傍晚约会，举行婚礼，故“昏”字具有了结婚的含义。但“昏”字承担的义项太多，后人便造了“婚”字承担原来“昏”字表示结婚与婚姻的这个义项。

转注字反映了语音的发展变化或方言的差异；同时它也反映了一种语言文字现象，即文字调整自己的形体以适应发展变化了的语言的需要，它是一种动态的文字现象。“转注”之“转”谓义转，即由词义引申或音同假借而字义转变；“注”谓注明，即注入部首意符以彰明原来字形的义类。转注字在最先可能是同义字，但是随着汉字的发展变化，逐步分化成不同的字，表达不同的意思。

转注字举例

（六）假借

许慎在《说文解字·叙》中说：“假借者，本无其字，依声托事，‘令’‘长’是也。”意思是说，假借就是本来没有这个字，借用与它同音的其他字来寄托其意义，“令”“长”两个字就是这样。古时候，语言中的某个词，本来没有替它造字，就依照它的声音“假借”一个同音字来寄托这个词的意义。简言之，假借就是同音替代，口语里有的词，没有相应的文字对应，于是就找一个和它发音相同的字来表示它的含义。

汝

本义是河名，借表第二人称代词

勤

在土地上工作很辛苦，需要勤快而用力

来

本义是指“麦子”的象形字，假借指到来的“来”

县（縣）

懸本字，借声、义为行政单位

旧（舊）

本义指一种鸟，借表新旧之旧

之

本义是动词，往，借表示第三人称代词

假借字举例

总体来说，象形、指事、会意，是汉字造字的基本方法，三者又以象形为基础。形声、转注、假借，是在造字基础上的扩展。形声主要是利用形音，另造新字；假借则是借用形音，不造新字，另表字义（多为虚字）；转注主要是变化形音，延伸字义。三者都是借形转音，增多字义，也就是扩大词汇量。六书中数量最多、作用明显的，首推形声字。据对7 000个通用字的统计，形声字约占70%，形声字是汉字的主体。

二、创造了“部首分类法”

许慎在《说文解字》中收录了9 353个“字”，他把近一万个字按部首分成了540部。他在《说文解字·叙》中说：“今叙篆文，合以古籀，博采通人，至于小大，信而有证，稽撰其说。将以理群类，解谬误，晓学者，达神怡，分别部居，不相杂厕也。万物咸睹，靡不兼载。”

这段话的意思是说：现在叙说小篆、古文、籀文结合起来，广泛采纳通晓古今的学者的意见，无论大大小小的问题，都真实可靠，有凭有据。考究诠释对文字的各种解说，按道理是为文字分类，破除谬误之见，使读书人明晓字义，通晓造字的神妙之旨。文字分别按部首排列，彼此不相混杂。万物都可以在书中找到，没有什么不完备的记载。

许慎在《说文解字·叙》中说："方以类聚，物以群分。同牵条属，共理相贯。杂而不越，据形系联。引而申之，以究万原。毕终于亥，知化穷冥。"意思是说，事因同类而相聚，物因异群而相分。同一类别的牵属在一起，同一义理的相互连贯。部次、字次排列在一起而不超越界限，因为是根据字形来系联顺序。由一个部首引申至540个部首，可用以探究所有文字的本原。以亥部结束，让人知道文字的变化，穷尽构形的精髓。

汉字的数量可以说是海量的，如何从掌握最基本的字入手而扩展认识更多的字？如何很方便地查找？许慎用"以理群类""分别部居"的办法，即"部首分类法"，让汉字有序地排列。"分别部居"就是按一定规律编排，使文字这棵大树从树干，分出了树枝、树叶，同时，从杂乱无章变得井然有序。许慎所谓的"部首"，就是每一类字有一个可以统辖它们的首领字，这个字常常是这一类字的意符。他根据"方以类聚，物以群分”的原则，使之各归其类，彼此相互联系。许慎开创了部首检字的先河，为查阅汉字提供了方便。许慎的“部首分类法”，大致上可以分为两种方法。

一是字根构字法。许慎有一个文字衍生的理念。“文”与“字”是不同的。他在《说文解字·叙》中说：“盖依类象形，故谓之文；其后形声相益，即谓之字。”意思是说，大抵按照物类描绘其形状，叫作“文”；后来形旁声旁互相组合增益，就叫作“字”。“文”其实就是独体字，大多可以作为字根。“字”是合体字，是由较多的部件组合的。今日众多的汉字，基本的字根大约270个，事实上，只要认知这270个字根，所有汉字的字义都可以明了。

例如“道”，其结构是这样的。

金文为，繁体为“導”。从“彳”，表示道路，从又，为手，从“首”，为人首，会手在头前上引导前行之意。篆体的“”字由三个部分组成：

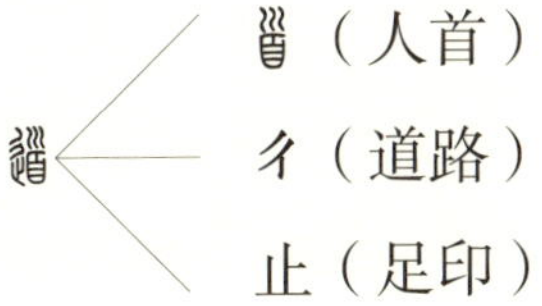

道，是通常所说的“道理”“道路”的“道”，由从首，从行，从止会意。“首”是字根，源自一个人的正面头像，上面是头部的勾勒，下面是“自”字，即鼻子，表示行走要用头脑去判断方位、方向。“辵（辶）”为行走，“止”为人的足迹的描摹。所以“道”的本意为引导，也指道理、规律等。

汉字的字根是最基本的构件，是一类有物象场景支持，可以完整表述思维的概念，从字根可以延伸到字族，有的字族的字少一些，有的则很庞大。如“心”字族达270多个字。

汉字的根族可以分为八大类，一是人体字根，这是从“近取诸身”获取的，人体字根又可分为“身姿”“手又”“手数”“止足”“五官”“器官”等，大约占字根总数的20%。

以“人”为字根组成的字，大概有三类，一是人在上部写作“𠂊”，如“奂、危、色”等；二是人在下部写作“儿”，如“元、兄、允”等；三是人做反向前行的写作“匕”，如“比、北”等字。

此外，还有天文字根、地貌字根、动物字根、植物字根、工具字根、生活字根、抽象字根，这些是按照“远取诸物”去构成的。如“天文字根”可分为“日、月、星、夕、风、雨、云、气”。

如以“日”字字根组成的字，大多可以看到太阳的运行，如“旦”，在日的下面，增添一横，表示太阳跃出地平线；“早”，表示太阳像盾牌一样升起；“昃”，表示太阳偏西时分，人影仄斜；“暮”，表示太阳西下，落入树木草丛之中。

这方面的内容很多，我为此专门写了一本《汉字根族大系》，对其做了详细的介绍。

二是旁偏构字法。在许慎所划分的540个部首之中，有许多是偏旁，偏旁与字根有联系，但又有差别。偏旁往往是字族的变形，如“人”变为“亻”，“手”变为“扌”，“足”变为“⻊”。偏旁是不能独立作为一个字的，必须与其他的构件组合，才能成为“字”，如“人”的偏旁为“亻”，组成的字上百个之多，如“仁、什、仆、仍、仇、仕、代”等。“心”的偏旁为“忄”，“言”的偏旁为“讠”，“食”的偏旁为“饣”，“爿”的偏旁为“丬”，“走”的偏旁为“辶”，“川”的偏旁为“巛”，“冰”的偏旁为“冫”，“水”的偏旁为“氵”。偏旁的字族可以分为三大类：一是类旁，即由类别的属性表义，如“艹”草字头表示本草植物，“茶、药”等；“犭”表示动物、野兽，“猫、狸、狗、狐”等；“衤”表示服饰，“衫、裙、裤”等；二是声旁，如“亡”，“邙、盲、氓”等；三是义旁，如“扌”，“打、扑、扶、持”等。懂得偏旁的含义，一般来说对其含义的领会可以猜到七八成。

三、创造了融“形、音、义、例、训”于一体的释字法

许慎的《说文解字》是我国文字史上第一部分析字形、解说字义、辨识声旁、列举凡例、古今考证的字典，全面、系统地对每一个字做了解读。段玉裁称这部书“此前古未有之书，许君之所独创”。许慎释字主要的方法，一是“形训”，即根据字形来解释。如“竹”字，《说文解字·竹部》：“竹，冬生草也。象形，下垂者箁箬也。”竹像竹杆上两对生的竹叶形，其竹皮和竹箬是下垂的，与“草”不同。二是“义训”，即直接陈述字义。如“先”字，《说文解字·先部》：“先，前进也。从儿从之。”意为在前

引导。三是“声训”，即用同音或近音字来解释。如“八”字，《说文解字·八部》：“八，别也。象分别相背之形。”其义从音“别”，表示将物分开之意。

许慎的儿子许冲在《上说文解字表》中说：“慎博问通人，考之于逵，作《说文解字》，六艺群身之诂皆训其意，而天地、鬼神、山川、草木、鸟兽、昆虫、杂物、奇怪、王制、礼仪，世间人事，莫不毕载。”《说文解字》确实是我们研究汉字流变的桥梁，汉字的形变最为巨大的是篆、隶之间的转换，许慎对形、音、义的解释使我们明白其中的字义。《说文解字》还是我们研究古代文化，整理我国优秀文化遗产的重要阶梯，如《说文解字·示部》收录了“社、祈、神、祖、祥、福、祸”等62个字，介绍了古代祭祀活动的内容、仪式。

当然，由于历史的局限，不能说许慎对每一个字的解说都是正确的。有的不免穿凿附会，如“射”，《说文解字·矢部》：“射，篆文䠶，从寸。寸，法度也，亦手也。”事实上，甲骨文、金文的“射”均为箭搭在弓上要射出的形状，并不“从身，从寸”，这是因为许慎没见过殷商的甲骨文，难免有些不准确。这里不一一列举。

第四讲　汉字的魅力

汉字不但是思想沟通的工具，而且蕴含着丰富的思想、文化内涵，具有无穷的魅力。许慎在《说文解字·叙》中说：“盖文字者，经艺之本，王政之始。前人所以垂后，后人所以识古。故曰：本立而道生，知天下之至啧而不可乱也。”许慎说，文字是六艺经传的基础，是治理国家的先决条件。前人用它来传示后人，后人靠它来认识古代文化。所以说，基础树立了，“道”就会产生；懂得天下最深奥的道理，就不会产生错乱。许慎在这里把文字作为文化传承的基础，作为治国安邦的工具，是每一个人寻道悟道的途径，可见汉字的强大力量和魅力。

《说文解字》是中华文化的一部百科全书，是人类史上最伟大的奇观之一，承载天文地理、人文生命、数理化学、人生哲理等多学科信息，它传承出来的信息是全息化的，是一部认知世界的活的史书，汉字魅力无穷，力量强大，概括起来有如下几大魅力。

一、思想魅力

许冲在《上说文解字表》中说：“先天而天不违，后天而奉天时。万国咸宁，神人以和。犹复深惟五经之妙，皆为汉制。博采幽远，穷理尽性，以至于命。”许冲说，广泛采集深远之说，穷尽地揭示道理，以发掘人性，以达天命。汉字是达道之本。

汉字是有思想、有灵魂的“精灵”。从汉字的结构看，方方正正，体现了中国人的道德追求，做人做事，方正、稳重；汉字疏密搭配，字形各异，表达崇尚团结友爱、团队合作的精神；汉字流畅、智慧、通达，体现了中国人的美学追求。中国人以为方块字可以通神，导致对于文字的敬畏、崇拜和禁忌。

汉字暗藏“神性”，还带来测字的传统。测字就是拆字，就是以字的笔画和字形来占卜吉凶。秦汉之后，一直流行谶纬之学，很重要的一项，就是琢磨文字图画的秘密，预测事态的动向和走势。谶纬之学还可以制造声势和谣言，用来打击对手。东汉末年，董卓入主洛阳后，就有人散布民谣“千里草，何青青，十日卜，不得生”，便是将“董”字析离为“千里草”，将“卓”字分解为“十日卜”。当然，这带有迷信的成分，但说明文字是制造舆论的工具之一，可以作为“心理战”的武器。

中国人不仅把文字看得很神圣，而且把与文字相关的一些东西，比如文章、书法等看得也很神圣。明陈儒言：“故风雷雨露，天之灵，山川民物，地之灵；语言文字，人之灵。”杜甫诗句“文章千古事”，把文章提到了很高的地位。

我们知道，印欧民族的文字多是语言的机械表达，不须耗费太多的心思。可是汉字不然，每一个字的字形字义及其与声音的结合都得费脑筋，以“思想直接面对概念”，直接运用思维以构造之。因此，整个文字建构的过程，即是一场庞大的思维活动，精神贯注于其间。所以有人说汉字是“思想的文字”。

我们认真地考察汉字，可以看到，汉字不仅是语言的符号，更是一套思想的文字，具有灵性。

汉字是中国精神的高度凝练，每一个汉字都体现了中国人的精神追求、价值取向和认识世界的方法论，给人以深刻的启示。可以说，每一个汉字都是一碗“心灵鸡汤”，是中国人的心灵成长史，蕴含着中国文化精神基因。这种中国精神是中华优秀传统文化的核心精髓，决定了一个民族的思想高度、思维深度和思考长度。这是我们传承和弘扬中华传统文化的根本。《易经》中有不少有关中国精神的表述，如“天人合一”“自强不息”“厚德载物”“与时俱行”“居安思危”“革故鼎新”等，至今仍然是中华民族生生不息、不断前行的力量。下面，我们来解读如下几个字。

（一）“天”字表达了中国人“天人合一”的价值理念

在甲骨文中，“天”为，上为方形的人头，突出了正面人形上的头部，下为人，表示人的头顶是天。《说文解字·一部》：“天，颠也。至高无上，从一、大。”“天”是自然的至高顶点，头是人体的至高顶点，故“天”的造字取象于头。“天”字包含了“天、大、人”三个字，“天人”合为一体，体现了中国人的宇宙观、生命观。《易经·文言传·乾

卦》说："夫'大人'者，与天地合其德，与日月合其明，与四时合其序，与鬼神合其吉凶。"天道、地道、人道是相互贯通的。天人合德就是人与天相通的德性。

"天"字的演变

"天"字包含着如下的内涵：

行事必须遵循天道。孔子十分关注天人关系，在《论语·季氏》中说："君子有三畏：畏天命，畏大人，畏圣人之言。"在他看来，天不仅是自然的天，还是有意志主宰人们命运的神。"天"由"一""大"组成，"一"在最上，表示天处至高，"一"下有"大"，表示天宇至大，以天为尊。《荀子·天论》说："天有其时，地有其财，人有其治，夫是之谓能参。"老子在《道德经》中说："人法地，地法天，天法道，道法自然。"他主张以人合天，以自然为师，顺应自然，达到"与天为一"的境界。

治国必须以人为本。一个“天”字，人居中顶天，包含着“大”“人”两个字，寓意以人为中心，顶天立地。人是万物之尺度。天是以人为本的，日夜的交替，使人既劳作，又能休息。四季的转换让人感受到春花秋月，夏暖冬凉。

做人要顶天立地。“天”字是一个人脚踏大地，头顶蓝天，寓意人要有气节，不随波逐流，要有傲骨，但不要有傲气。

养生必须顺应自然。“天”字寓意“天人合一”，人要活得健康就一定要遵循自然规律，只有遵循自然规律，才与天地相应，才能顶天立地站在天地之间。大自然与人的身体有着某种程度的契合，宇宙大人身，人体小宇宙，“天人合一”。

钱穆先生讲“天人合一”是中国文化对人类未来求生存的贡献。孔子说“五十而知天命”，人到五十岁的时候，才知道自己要承担人生的神圣使命，并笃信，践行之。老子同样追求“天人合一”，要求“道法自然”，主张人要回归人的本真状态，人与天地合为一体。

（二）“人”字表达了中国人的人生态度

“人”，象形字。甲骨文为，像侧面站立的人形，上端是头，向左下方伸展的是手臂，中间是身子。身子以下是腿。金文为，篆文为，字形与甲骨文基本相同，隶变楷书写作“人”。

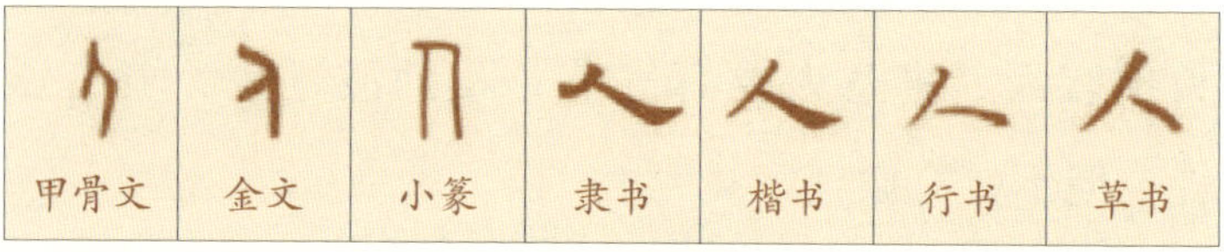

“人”字的演变

《说文解字·人部》：“人，天地之性最贵者也。此籀文，像臂胫之形。”意思是说，人，是天地生物中最可宝贵的东西。这是大篆。像手臂腿胫的样子。人的本义是能制造并使用工具进行劳动，又能用语言进行思维和交际的生物。人是万物之灵。《列子·黄帝》说：“有七尺之骸、手足之异，戴发含齿，倚而趣者，谓之人。”《尚书》说：“惟天地万物父母，惟人万物之灵。”《礼记·礼运》说：“故人者，其天地之德，阴阳之交，鬼神之会，五行之秀气也。”由于人有灵性、有伦理观念，“人”引申指人的品格、性情。

人是什么？如何做人？做什么样的人，我们的先哲做了苦苦的思索和追寻，答案是多种多样的。美国学者霍布斯说：

甲骨文“人”字的形意

“自然和人都是机器。”法国学者帕斯卡说：“人是一根会思考的芦苇。”苏格拉底说：“人是万物的尺度。”这些是西方学者的看法。在儒家文化中，“天、地、人”称为“三才”，人居于天地之间。一部《论语》说的都是做人的道理。“人”字虽然只有一撇一捺，非常简单，但蕴含的哲理却非常深刻，它揭示了做人之道。

一是做人要相互支撑，相互依赖。“人”字由一撇一捺互撑组成，说明人是互相支撑的社会群体。如不相互支撑，缺少一撇或一捺，就成不了人。因此，“人”少了任何一笔就不是人，只考虑自己而不顾他人，不能称之为“人”。有句话概括了“人”的内涵，即“我为人人，人人为我”。爱因斯坦在《我的世界观》中说："人是为别人而生存的——首先是为那样一些人，他们的喜悦和健康关系着我们自己的全部幸福；然后是为许多我们所不认识的人，他们的命运通过同情的纽带同我们密切结合在一起。我每天上百次地提醒自己：我的精神生活和物质生活都依靠着别人（包括生者和死者）的劳动，我必须尽力以同样的分量来报偿我所领受了的和至今还在领受着的东西。"

二是做人要脚踏实地，顶天立地。"人"字就像人分开两腿，站立在大地上，说明人要堂堂正正地站立于大地上，像孟子所说的："富贵不能淫，贫贱不能移，威武不能屈。"

三是做人既要挺起脊梁，又要埋头苦干。"人"字一撇表示出头，一捺表示低头。寓意要想出人头地，必须先埋头苦干。要想抬起头做人，必须放低身段。

四是做人要合二为一，也要一分为二。"人"字由两画组成，寓意人要包容，整合方能完整。一个家庭由夫妻两人组成，不是1+1=2，而是0.5+0.5=1。这就是双方只有去掉自己的一半个性，方能完整结合。

同时，人又是一分为二的，每一个人都有个性、独立性，人与人之间的相处，必须给各自留下一定的空间。这种一分为二的现象是“人”的普遍现象。

从“人”的结构看，也有两大部分，一是肉体，一是精神，即肉与灵。没有肉体，精神无从依附；没有精神，人只是一个躯壳。人的身体健康是1，财富、功名、地位等是0，但假如只有身体，而没有丰富的精神世界，人也不能幸福、快乐。

五是做人要以仁义为本，站立为人。人音通仁，仁义为本。《易学》天、地、人三道：立天之道叫“阴阳”，立地之道叫“刚柔”，立人之道叫“仁义”。《道藏尊经历代纲目》曰：“盖人者，气禀阴阳之和，体具刚柔之性，心根仁义之端，一身之中，三才道备，所以与天地并立也。”做人的根本就是讲仁义。不行仁义者，表面上看是一个人，其实是一个鬼。

六是做人要坦荡面对顺境，又要勇敢面对逆境。“人”字就像一座滑梯，有升也有降。人生既有上坡路，也有下坡路。

总之，人如五行，要像金，像金子一样到哪里都能发光；要像木，落地生根，生长再生长，长成栋梁之材；要像水，不避艰难险阻，不拒千流万水，柔性、坚韧、平静；要像火，全副身心地投入、付出，燃烧自己，照亮别人；要像土，始终保持自己的本色，不随时随势而易。

（三）“中”字表达了中国人“中庸处世”的理念

中，象形字。《说文解字·丨部》：“中，内也。从口丨，下上通也。”意思是说：中，事物的内部。从口，一竖上下贯通。甲骨文，金文，像一面迎风飘扬的旗帜形。上下为旗，方框为立中之处。造字本义是对峙的两军之间不偏不倚的非军事地带。篆文，字形省去了旗帜。

《孟子集注》书影

朱熹在《孟子集注》中引程子说：“中字最难识，须是默识心通。且试言，一厅则中央为中；一家，则厅中非中而堂为中；一国，则堂非中而国之中为中。”这就是说，事物皆有自然之中，中也是相对而言的，在不同的范围中的蕴意是不同的。中，用得最多的词是中正、中庸、中和，这不但是做人的一种美德，也是人类的最高智慧和崇高的思想境界，是一个人要努力去学习和实践的处世艺术。

中，是一种道。“中”字一线穿心，一以贯中，这个“一”就是道，处于平和事理之道。“中”字在中国古代哲学中代表不偏，中正也表示一种人生处世的态度，比如中庸之道。中国诸子百家，都推崇持中的观点。阴阳家握其要，以不阴不阳谓之中，持中不偏谓之要。佛家修大至，以不生不灭谓之中，修道中脉谓之至。儒家则把中发挥至极致。孔子多次讲中庸。《论语·先进》：“子贡问：‘师与商也孰贤？’子曰：‘师也过，商也不及。’曰：‘然则师愈与？’子曰：‘过犹不及。’”这段话说的是孔子的学生子贡曾经问孔子：“子张和子夏哪个贤一些？”孔子回答说：“子张过分，子夏不够。”子贡问：“那么是子张贤一些吗？”孔子说：“过分与不够是一样的。”这一段话是对“君子而时中”的生动说明。也就是说，过分与不够貌似不同，其实质却都是一样的，都不符合中庸的要求。中庸的要求是恰到好处。

《菜根谭》书影

《菜根谭》说："天地寂然不动，而气机无息稍停；日月昼夜奔驰，而贞明万古不易；故君子闲时要有吃紧的心思，忙处要有悠闲的趣味。人生太闲，则别念窃生；太忙，则真性不见。故君子不可不抱身心之忧，亦不可不耽风月之趣。"中庸之道即中正不偏，经常可行之道，不但是自然之道，也是人伦之道。在现实生活中，有些人不懂中庸之道，喜欢走极端，态度偏激，方法缺乏分寸，结果往往伤人又伤己。

中，是一种德。"中"字一口中分，阴阳平衡，公平合理。中国的先贤认为中乃"道之柄、德之枢"。孔子说："中庸之为德也，其至矣乎!"要懂得持中万和的道理，培养立中布德的能力，播撒善的种子。一个人行善，不但要有善心，而且也要有善的适度施与。

有一个“揠苗助长”的典故，说的是宋国有一个人，嫌田里的秧苗长得太慢，就到田地里用力把每棵苗向上拔高一些，他认为这样做就可以让秧苗长得快一些了。于是他回家以后，就对他的家里人说：“我今天干得多么累啊!我已经帮助田里的苗长高了。”他的儿子听了，赶到田里一看，所有的苗都开始枯萎了。

揠苗助长

在日常生活中，“揠苗助长”只会加速禾苗的死亡，对一个人的“捧杀”，因为吹捧过度，名不符实，结果也会害人。

中，是一种美。中国传统美学思想内涵十分丰富，其思想精粹主要包括中和之美、协调之美、和善之美、和合之美等和谐思维。“中”字一线中分，左右平衡，体现了一种和谐对称之美。从美学的视角看，“中和”是儒家的最高审美标准。孔子主张执两用中，注重对中和之美的追求。在做人方面，孔子认为“中和”是君子应有的美德，“文质彬彬，然后君子”。在音乐创作方面，孔子评价《关雎》是“乐而不淫，哀而不伤”，实现了“中和之美”。《乐记》把“中和”作为音乐的审美标准，认为“中和”是音乐的本质，以“中和”为美；“乐者，天地之中和也”。在儒家思想的影响下，“中和之美”成了中国历代艺术家推崇的审美标准。儒家认为审美的本质在于和谐，艺术的本质在于“中和”，在于“温柔敦厚”，儒家思想中所谓的“和谐”主要体现了一种中正、中和、均衡、和合、协调的特征。人类的根本追求、文化的根本追求、美学的根本追求都是“和谐”二字。宋玉笔下的大美人东家之子“增之一分则太长，减之一分则太短，着粉则太白，施朱则太赤”（《登徒子好色赋》），说明适中、中和是一种美的标志。

中，是一种法。孔子在《论语》中说：“吾有知乎哉？无知也。有鄙夫问于我，空空如也，我叩其两端而竭焉。”意思是说：“我什么都懂吗？不是这样的。假如一个乡下人来问我，态度诚恳而虚心，我只是就他的问题从正反两个方面详细推敲，然后找到了答案。”孔子在这里讲“叩其两端而竭焉”，就是考虑到所有两极的正反面状态，然后自然而然地做出决断。孔子主张对对立的“两端”采取“致中和”的方法，防止矛盾的激化，使矛盾双方达到平衡与协调。我们处理问题，常常要权衡利害，两害相衡取其轻，就是中。中就是去除偏激，选择正确的方法，它体现的是端重沉

《论语 大学 中庸》书影

稳、守善持中的大气魄、宽广胸襟和“一以贯之”的坚定信念，这是处世的大法和最高水平。

（四）“理”字表达了中国人的理性精神

我们中华民族是这个世界上最讲理的民族，几乎没有一个中国人会说自己不讲道理，哪怕是强盗也讲“盗亦有道”。

“理”

理，篆书为理。《说文·玉部》：“理，治玉也，从玉，里声。”意思是说：理，加工玉石。从玉，里声。朱骏声《通训定声》：“顺玉之文而剖析之。”即顺着纹理把玉从石中剖分出来，延伸指办理、道理、治理。玉器的雕琢要顺应其纹理，我们说话要讲道理，办事要遵循规律。“理”字包含着科学精神和人文精神，既讲情，又循理。

（五）“家”字反映了中国人的生命意识

家的甲骨文为，以“宀”（棚屋）里面有一头豭猪（公猪），会养棚之意。《说文解字·宀部》：“家，居也。”本义为养猪棚。由于有屋，家才能养

“家”字的演变

猪，故家引申指家庭的住所。为什么家里有猪是家呢？这是因为：第一，古代猪是重要的财产，家里有猪是富有的标志。第二，在六畜（鸡、羊、狗、猪、牛、马）中，鸡是卵生动物，其他是胎生动物，胎生比卵生要高级一些；古代人口的生产是第一位的，而人的寿命比较短，人口的繁衍速度快，而猪与其他动物相比，繁殖能力比较强。用猪来寓意生殖能力比较强，人丁兴旺，体现了古人对生命、血脉的传承。第三，家的宝盖头也象征居者有其屋，家既是给人提供遮风挡雨的地方，也是人心灵安顿的栖息地。

每一个“汉字”都包涵丰富的哲理。要一一列举有很多。

“绝”字：甲骨文为，从悬丝，一横表示将丝截断。金文为，成了以刀切丝的会意字。篆文为，只留下一系一刀，并加字节符“卩”，“绝”的本义为截断。俗话说，“色”字头上一把

刀，人走上绝路，有不少与“好色”有着千“丝”万缕的联系。

“愧”字篆文为，从女、鬼声，后“女”字旁改为竖心旁，“心”中有“鬼”，所以才会感到羞愧。

“劣”字从力，从少，会力意弱小之意。一个人在事业上少花力气，自然差人一等，也必然成为能力差的人。

二、道德魅力

许冲在《上说文解字表》中说：“先帝诏侍中骑都尉贾逵，修理旧文，殊艺异术，王教一耑，苟有可以加于国者，靡不悉集。《易》曰：穷神知化，德之盛也。”意思是说，先帝下诏让侍中骑都尉贾逵研修整理旧时的文献，特殊的经艺、异样的学术，都是王者教化，只要对国家有所补益，就无不收集。《周易》说：彻底研究事物的神妙，知道事物的变化，这是盛大的品德。《说文解字》注重文字的道德教化作用，把中华传统道德理念都融入每个字的解读之中，对儒家的仁、义、礼、智、信、忠、孝、廉、和、勇、温、良、恭、谦、让、刚、强、勤、毅、新等道德理念都做了深入的解读，每一个汉字都可以成为我们今天进行道德教育的资源。

（一）“仁”字体现了中国人仁爱的道德良心

“仁”字的甲骨文为[甲骨文字形]，小篆为[小篆字形]。甲骨文、小篆皆从人，从二，用二人会亲近、以人道相待之意，即对人亲善、同情、友爱。

《说文解字·人部》：“仁，亲也。从人，从二。”《礼记·经解》：“上下相亲谓之仁。”许慎把“仁”的内涵解读为以人道待人，对人亲善、仁爱。“仁”是儒家伦理哲学的中心范畴和最高的道德准则。“仁、义、礼、智、信”，“五德”之中仁居首位。“仁”的价值是其他价值的基础，如果没有“仁”，“义”可能变成莽撞，无情义可言；“礼”会成为形式主义和虚情假意；“智”可能变成小聪明，不是大智慧；“信”则变成古板和僵化。“仁”是人生追求的最高价值。孔子认为人的行为都应从“仁”出发，当生命与“仁”发生冲突时，不惜“杀

“仁”

身成仁”。“仁”的根源是孝悌。孔子说：“孝悌也者，其为仁之本欤。”孝悌是仁德的根本。一个人在家孝敬父母，出外尊敬长辈，推己及人，推家及国。“仁”的内在要求是“恭、宽、信、敏、惠”，这五种行为表现为“利他”的仁道。

（二）“孝”字体现了中国人代际传承的人伦准则

“孝”，会意字。甲骨文为，金文为，上部是面朝左、长头发的驼背老人，老人之下有“子”，像孩子搀扶着老人的样子，表示孝敬老人。小篆为，形状和意思与金文基本一致。孝是一种家风，一个家庭父慈子孝，必然其乐融融。

《说文解字·老部》中说：“孝，善事父母者。从老省，从子；子承老也。”本义为孝顺父母。孝，是善于侍奉父母的人。由老省，由子会意，表示子女承奉父老。“百善孝为先”，孝为德之本。《孝经》：“夫孝，天之经也，地之义也，民之行也。”这

“孝”

是说，孝是天经地义的事，是最基本的人伦，是顺乎天道的自然法则。《论语·学而》：“君子务本，本立而道生。孝悌也者，其为仁之本与！”意思是说，君子专心致力于做人的根本，根本确立了，道就产生了。孝顺父母，兄弟相睦，这就是仁的基础吧。孔子的思想是按照孝—仁—义—礼的理论构造去建立的。即从孝开始，推己及人，产生仁爱，而仁爱必须合适，这就是义。义的合理性又通过礼的外在形式表达出来。《孝经》认为孝的主要内容是“居则致其敬，养则致其乐，病则致其忧，丧则致其哀，祭则致其严”。

（三）“义”字体现了中国人的侠义心肠

“义”，会意字。繁体为“義”。甲骨文为，从羊，从我，（刀锯）表示用刀锯屠宰牛羊以祭祀。

《说文解字·我部》：“义，己之威仪也。从我羊。”“义”从“羊”，即与善、美

“义”

同义。“义”又从“我”，即谓义出于己，由己决定。《释名》曰：“义，宜也。”“宜”为适宜。“义”的本义为公正合宜的言行或道理，是做人应该遵循的最高道义。义者，德之宜（道德的准则）、事之宜（立身处事的依据）、天理之所宜（顺乎天道自然的法则）。“义”还有情谊、恩谊之意，包括人与人之间的关照、提携。儒家把“义”与“仁”相提并论：立人之道，曰仁与义。孔子很推崇“义”，把义作为君子的品格之一。他说：“君子喻于义，小人喻于利。”“不义而富且贵，于我如浮云。”孟子把“义”看得比生命还宝贵。他说：“生，亦我所欲也；义，亦我所欲也，二者不可得兼。舍生而取义者也。”当生与义相冲突时，孟子主张舍生取义。可见，义是多么的重要。正道为义，如义师、义战；众所尊戴为义，如义帝；与众共之为义，如义仓、义社；德行过人为义，如义士、义侠。

（四）“忠”字体现了中国人的忠肝义胆

“忠”，形声字。金文为，上面是一面直立的旗帜，上下都有旗帜的飘带，中间的“口”形表示“中间”之意，下为“心”。小篆简化为，把“旗帜”全省略了，书写上更加美观。

“忠”

《说文解字·心部》：“忠，敬也，尽心曰忠。”本义为严肃认真，尽心敬业，忠贞不贰，坚守正道。尽心则无隐藏，故引申指赤诚、竭诚，如“交不忠兮怨长”。“忠厚”“忠心”在古代又特指忠君之人。“忠”字有心居中，正直不偏，即把心放在正中，无论对待什么，都把心摆正。忠是人们津津乐道的好字眼，如忠烈、忠良，成语中的忠贯日月、尽忠竭力、忠臣烈士、忠孝节义、忠孝两全，都对“忠”加以褒扬。孔子对“忠”给予了高度的重视，在《论语》中出现了18次，他把文、行、忠、信作为对弟子讲授的四门必修课。忠是儒家最基本的道德规范。首先是指诚实无欺。“居处恭，执事敬，与人忠”，“忠者，诚实无欺之名”，“尽己之心为忠”。忠的特殊含义是臣于君的道德准则，其主要内容是忠诚无欺地进思尽忠，尽职尽力，忠贞不二。其次是指忠诚、忠厚、忠恕，这是为人处世的根本原则。“忠”是中华民族的传统美德。忠孝观念在民间根深蒂固，很多宗祠和古宅常有“忠孝传家久，诗书继世长”的对联。“忠”是为人处世坚持公正立场、永不变心的品德，也是评价人品的标尺之一。

（五）“礼”字体现了中国人彬彬有礼的行为举止

“礼”，会意字。金文为，小篆为，繁体为禮，从示，从豊，豊亦声。“礼”从“示”表示与祭祀有关，甲骨文为，像礼器“豆”中盛满了祭品玉形，表示致祭之意。篆文分为二体：以示表示致祭，以豊表示丰满。

“礼”

《说文解字·示部》：“礼，履也。所以事神致福也。”即祭神灵以求福。本义为古代祭祀用的礼器，后引申为礼貌、礼仪、礼让，泛指社会生活中的规范和礼节。孔子把“礼”作为重要的政治伦理规范。他非常重视礼的教育，以《诗》《书》《礼》《易》为教材，开设了礼节、音乐、射箭、驾车、书法和数学“六艺”。他说：“不知礼，无以立也。”礼是一个人立身处世最基本的要求。孔子把“礼”作为德与仁的体现，他认为一个内心不仁的人，是没办法做到礼的。荀子说：“人无礼则不生，事无礼则不成，国家无礼则不宁。”墨家把礼义廉耻作为国之四维。管子在《牧民》中说：“何谓四维？一曰礼，二曰义，三曰廉，四曰耻。礼不逾节，义不自进，廉不蔽恶，耻不从枉。”礼可明贵贱尊卑，义能立行事之重，廉会判正邪善恶，耻则知羞耻之格，“均为治国之本”。礼对于社会、国家来说就是“序”，是维护社会秩序的工具，调节社会秩序的手段。礼对个人来说，是一个人立身处世之本，也是一门做人交友的学问。个人的仪容、仪表、言谈、举止，是一个人的修养、教养和涵养的体现。

（六）“智”字体现了中国人的远见卓识

“智”

“智”，会意兼形声字。甲骨文为。金文为。知与智同源。甲骨文、金文从口，从于（表声

气），从矢，用开口吐词如矢，会言词敏捷之意。

《说文解字·白部》："智，识词也。从白，从亏，从知。"本义为言词敏捷。"知"的本义指懂得、晓得、明白，后来在"知"下加了一个"日"。"智"指聪明、有见识，转借为谋略。"智"和"知"的区别在于："智"重在表示"智慧""明智"，而"知"重在表示"知识""知道"。在儒家的道德规范体系中，智是最基本的德行之一，也是儒家理想人格的重要品质之一，被视为"三达德""四德"及"五常"之一。"智"被伟大的思想家孔子视为道德规范、道德品质或道德情操。他把"智"与"仁""勇"两个道德规范并举，定位为君子之道，即所谓"知（智）者不惑，仁者不忧，勇者不惧"。儒家认为智、仁、勇三者互相联系，以仁为根本，智是知仁，勇是行仁。在儒家思想史上，孟子第一次以"仁义礼智"四德并提。他从行为的节制和形式的修饰、道德的认知和意志的保障等意义上，确立了礼与智在道德体系中不可或缺的位置。最终，仁义礼智四位一体，相依互补，组成完整的道德系统，构建为人道的基本内涵。

（七）“信”字体现了中国人为人处世的道德准则

“信”，会意字。金文，从人，从口，小篆为，从人，从言，用“人”“口”会人之言，真实不虚。隶变后楷书写作“信”。

《说文解字·言部》：“信，诚也。从人，从言，会意。”信的本义为语言真实，真心诚意。如“信言不美，美言不信”。由于人的言语真实方能取信于他人，引申为诚实不欺，如信用、信守、信誓旦旦；由于诚实的人让人放心可靠，故引申为信任；信从“人”“言”，人言代表真理，又引申为信奉，如信徒、信男信女；信还指凭证、消息、音信、随意，如信手、信步等。中华传统文化把信作为立身之本、处世之道、居家之要、治国之宝。儒禅道三家都把“信”看得很重。孔子把诚信、信用当作伦理道德之一，作为衡量人品和道德的标尺。孔子在《论语》中说“人而无信，不知其可也”。《礼记·儒行》曰：“儒有不

“信”

宝金玉，而忠信以为宝。”儒家主张“言必信，行必果”。“信”是做人起码的道德要求。佛家把“信”列为“三福之首”，即“信、愿、行”。这里的信指人的信念及一致的言行。“信”是种子，“愿”是土壤，“行”是果实。道家则强调“信为道元功德母”。也就是说信是人道的根源，能生功德。可见，信对人生是多么重要。“诚信”通常连在一起，诚与信都强调真，诚讲的是内在的，强调个人内心信念的真诚，是一种美德，而信侧重于外在的，是诚的外化，是一种责任和义务。

（八）“敬”字体现了中国人“敬业求精”的职业操守

敬，会意字。金文为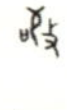，从苟、从攴（手持棍），会督促其认真做事之意。小篆为，从苟，从攴。

“敬”

《说文解字·苟部》：“敬，肃也。”本义为恭敬、端肃，认真做事。如

《论语·子路》：“居处恭，执事敬，与人忠。”后延伸为敬重，有礼貌地奉上，如相敬如宾、敬而远之、敬你一杯酒等。有“敬”字的成语很多，大多表示恭敬，如“敬老慈幼”指尊敬长者，慈爱孩童；“敬老怜贫”形容人有恭谨慈爱的美好品德；“敬老尊贤”指敬重年老的和有社会声望的人；“敬若神明”指像敬重神明一样尊敬对方；“敬时爱日”谓珍惜时光；“敬事不暇”形容百依百顺，竭尽全力效犬马之劳；“敬授人时”指皇帝向天下颁布历书，使天下遵行，不违农时，以求丰收；“敬天爱民”指尊重天命，爱护百姓；“敬业乐群”谓专心致力于学业，爱好与朋友探讨学问，切磋琢磨。

诸如有关道德准则的字还可以列举很多，如“善”字。

善，金文为，从羊，意为美味，又加“誩”，会连连称美之意。篆书为，《说文解字·誩部》“譱，吉也”，本义为美好。“善”字以“羊”作为物象，揭示了羊可贵的品德，羊吃进去的是草，但是挤出来的是羊奶，提供给人类的是浑身的宝：肉是鲜美的食物，羊毛可以纺成毛线做衣服，羊皮可

以做成皮衣，连粪便也可以作为肥料。羊对人类奉献了自我，羊的品性最为温顺。中国古人把善与羊联系在一起，是最准确、最科学的造字方法。

三、审美魅力

汉字是线条的艺术，汉字通过曲线、直线和断线来描绘事物的形体，具有简约、直观、形象、美观的特点，形成易写、易识及简约的特征，契合了人的手眼相通的审美感知。中国美学家李泽厚在《美的历程》一书中，称汉字为“线的艺术”。他说，汉字形体以其自由多样的“线的曲直运动和空间构造，表现出和表达出种种形体姿态、情感意兴和气势力量”，“是活生生的、流动的、富有生命暗示和表现力量的美”。

汉字不但形体美，而且结构也美。汉字的结构丰富多样，经过排列组合，形单影只的汉字成为美丽的样式，汉字的语言形式和表达形式也有很强的美感。如言简意丰的成语、通俗生动的俗话、意境深远的诗词、雅致优美的散文、波澜壮阔的小说等，令人陶醉。汉字其音如歌，其意如诗，其形如画。

汉字的“美”字充分表达了中国人的审美观。许慎在《说文解字·羊部》中说：“美，甘也。从羊，从大。羊在六畜主给膳也。美与善同意。”许慎的这一解读，首先，指出了“美”的感知从味觉开始，美，味道甘美。“美”发端于人的味觉体验。羊羔的美味给人美的享受。清代段玉裁注曰：“甘者，五味之一，而五味之美皆曰‘甘’。”然后是视觉之美，甲骨文的“美”字为，上有像羊形头之状，表示形貌好看，这是独特的视觉体验，故“大”“羊”为美，美更是一种心理的体验，许慎说，“美与善同意”。他认为大善为美，强调美丽源于内心的善良，并长久不衰。孔子主张与人为善，乐以忘忧，直道而行，要学会诗、书、礼、乐、艺，他对美的内涵的理解，包括心灵美、语言美、行为美、环境美，特别讲到仁、善是最重要的美德。一个人的善心和善举，符合天道和人性，因此，我们把仁、义、礼、智、勇、忠、孝的人称为“最美的人”。

（一）形态之美

“和”是中国美学中的一个核心概念，“和”字

"和"

的甲骨文为龢，金文为龢，从龠（口吹排箫）禾声。《说文解字·龠部》："龢，调也。"指音乐和谐。又《说文解字·口部》："和，相应也。"从口，禾声，指口相应。本义为声音相应，和谐地跟着唱或伴奏。汉字的形体结构，体现"和"的精神，均匀、对称、平衡、向背、俯仰，对立统一，和谐美观。在一个方块里组成汉字的构件，相互礼让，相互配合，共同构成一个和谐、平衡、匀称、整齐的统一体，因此，体现了汉字独特的美。

汉字的形态中正，方正，协调和谐，美观。

如“笑”，人笑的姿态很像竹子随风飘动的形态。“圆”，是古代对“天”的形状的朴素认识，表达了中国人“外圆内方”“智圆行方”的审美追求。

下面，我们看看由三字叠加起来的字，它们形态优美，生动形象。

猋（biāo）：三条狗纠缠在一起，表示狗群奔跑的样子。引申一步，便派生出迅速、飙升的意思。

掱（pá）：一目了然是“三只手”，即从别人身上窃取不义之财。“掱手”就是“盗贼”“扒手”。

犇（bēn）：是“奔”的异体字，是三头牛聚集向前奔跑。

刕（lí）：通常作为姓氏使用，现成为网络流行词，表示极度生气、抓狂或想要杀人的意思，是“刀”的升级版。

这些字形态生动形象，一看就知道它所包含的意思。

汉字有上下左右组合，都体现了和谐、对称、协调的审美理念。一个字假如由三个相同的部分组成，那么它就要采取“品”字形的排列方式，如“鑫、森、焱、淼、矗”，假如把这类字按“吅”这样的

"品"

形式重叠，就显得头重脚轻；如果按"□□□"的形式排列，方格又容不下，只有"品"字形才符合美学和力学方面的要求。汉字以平衡匀称为美，这种观念体现在许多文化现象上。如殷墟的甲骨文，其龟腹甲上的刻辞，也以中心为界，左右对称；汉字的篆书、楷书、隶书，其结构都有特定的内部平衡规律。

（二）音韵之美

汉字以其独特的平仄、声调，谱写了根植于中国人生命的旋律和节奏。汉字读之朗朗上口，韵味无穷，音义相通。这种美体现在其诗性体验上。

汉字是富有诗性体验的文字。有人甚至将汉字称为"诗化之文字"，认为汉字"具有诗化之美质"。汉字的诗化是中国文化诗性特征的重要体现，汉字形、音、义的统一，使汉字表达含蓄凝练，极易产生诗意效果。美国语言学家萨丕尔就认为："我相信今天的英语诗人会羡慕中国即兴凑句的人，不费力气就能达到的那种洗练手法。"汉字的这种凝练与诗意，早在《诗经》创作中就非常突出。《诗经》中许多诗都喜欢采用重章叠句的形式，不仅摹形，而且拟声；不仅具有音乐的美感，也富有画意与诗情，这与汉语文字多单音节词且语法灵活的特点密不可分。比如，《周南·芣苢（fú yǐ）》一诗，全诗三章十二句，有六个关键性的动词："采、有、掇（duō）、捋（luō）、袺（jié）、襭（xié）"，表示不断发生变化的动作，其余的词语全都是重叠形式。芣苢为车前子，女子采集时的动作分别是摘取、捡取、理顺、收藏、盛载。这种重叠看似单调却产生了简单明快、往复回环的音乐感，也很好地传达了采芣苢女子那种悠游自得的心情。

中国古代诗歌形、音、义的凝练之美和含蓄空灵的意境创造在唐诗中达到了顶点。唐诗的美，我们可以从很多方面言说。不过，若是离开了汉字的构型，离开了汉字的音律和形式美，离开了汉字文化的话语内涵和表意方法，是无法说清唐诗的美和意境的。杜甫有一首小诗《八阵图》："功盖三分国，名成八阵图。江流石不转，遗恨失吞吴。"短短二十字，绘形绘声，在时间、空间的无止境流动中，展现如此厚重的社会历史内容：诸葛亮人世功名，千秋彪炳；王国崩溃，英雄遗恨；江流无限，天地永恒——只有像唐诗这样浸透着汉字灵魂的诗歌才能体现。

杜甫《八阵图》

从《诗经》里的“关关雎鸠，在河之洲”到《离骚》里的“长太息以掩涕兮，哀民生之多艰”，至《古诗十九首》里的“胡马依北风，越鸟巢南枝”，再至《哀江南赋序》里的“钟仪君子，入就南冠之囚；……华亭鹤唳，岂河桥之可闻”，到《钱塘湖春行》里的“几处早莺争暖树，谁家新燕啄春泥”等，都具有音韵之美。

韵的好处，在于利用声音本身的特点，强化表达效果。吟诗作赋，初衷何在？要么传递信息，要么表达情感。如何才能引发共鸣？韵不可或缺，如李白的诗句：

“朝辞白帝彩云间，千里江陵一日还。”利用尾音的重复，就能传达韵律感。《诗经》、乐府诗等更是如此，本来就是拿来唱的，需要朗朗上口，更着重其韵。

古代的平仄声和现代的有所出入。古人以平、上、去、入来命名四声是有讲究的，用浅显的话来说，大体上“平”是字音的音高平稳、无高低曲折的变化，“上”是字音高昂或者上扬，“去”是字音有减弱或降低趋势，“入”是字音短促好像还没完全发出就收回了。可见，平声与其他三个声调在音高上面确实有明显区别，加之平声字比较多，所以能以一敌三，平仄相对。汉字的发音变幻莫测，极富音乐性。四种声调再加上轻声、变调，还得讲究轻、重、缓、疾，抑、扬、顿、挫，使得汉字错落有致、音韵和美。

清代车万育的《声律启蒙》和李渔的《笠翁对韵》是掌握汉字声韵格律的最佳启蒙读物，不仅话语简单，而且声调和谐、节奏响亮，读起来朗朗上口，韵致天然。

“春对夏，秋对冬，暮鼓对晨钟。观山对玩水，绿竹对苍松。冯妇虎，叶公龙，舞蝶对鸣蛩。衔泥双紫燕，课蜜几黄蜂……”

“贤对圣，是对非，觉奥对参微。鱼书对雁字，草舍对柴扉。鸡晓唱，雉朝飞，红瘦对绿肥。举杯邀月饮，骑马踏花归……”

这些句子，对仗工整，字音一出，便觉清脆悦耳，愉悦之情油然而生。

下面，我们来看看优美的同旁诗。宋代大诗人黄庭坚写了一首同旁诗《戏题》，一句诗中的每个字都用相同的偏旁或者部首组成，整首诗整齐而美：

逍遥近边道，憩息慰惫懑。
晴晖时晦明，谑语谐说论。
草莱荒蒙茏，室屋壅尘坌。
僮仆侍偪侧，泾渭清浊混。

除了同旁诗整齐划一，同旁对联不仅整齐，意思还对仗工整，内涵丰富，又点题。

还有一诗两用的回文诗。宋代的李禺写了一首回文诗《两相思》，正读是思妻，倒读就变成了思夫。

思妻诗

枯眼望遥山隔水，往来曾见几心知？

壶空怕酌一杯酒，笔下难成和韵诗。
途路阻人离别久，讯音无雁寄回迟。
孤灯夜守长寥寂，夫忆妻兮父忆儿。

思夫诗

儿忆父兮妻忆夫，寂寥长守夜灯孤。
迟回寄雁无音讯，久别离人阻路途。
诗韵和成难下笔，酒杯一酌怕空壶。
知心几见曾往来，水隔山遥望眼枯。

一首诗读出两个意思，已经让人叹服了，可是，清朝时朱杏孙写的《虞美人》可正读、倒读，调整句子后还能成为一首新的七律诗。

正着读：

孤楼倚梦寒灯隔，
细雨梧窗碧。
冷风珠露扑钗虫，
络索玉环圆鬓凤玲珑。
肤凝薄粉残妆悄，
影对疏栏小。
院空芜绿引香浓，
冉冉近黄昏月映帘红。

倒着读：

红帘映月昏黄近，冉冉浓香引。
绿芜空院小栏疏，
对影悄妆残粉薄凝肤。
珑玲凤鬟圆环玉，索络虫钗扑。
露珠风冷碧窗梧，
雨细隔灯寒梦倚楼孤。

调整句子后，成了七律：

孤楼倚梦寒灯隔，细雨梧窗碧冷风。
珠露扑钗虫络索，玉环圆鬟凤玲珑。
肤凝薄粉残妆悄，影对疏栏小院空。
芜绿引香浓冉冉，近黄昏月映帘红。

再倒着读：

红帘映月昏黄近，冉冉浓香引绿芜。
空院小栏疏对影，悄妆残粉薄凝肤。
珑玲凤鬟圆环玉，索络虫钗扑露珠。
风冷碧窗梧雨细，隔灯寒梦倚楼孤。

（三）灵性之美

汉字虽然是由横竖点撇捺组合而成的字形，但它们不是僵硬的符号，而是有着独特性格的“精灵”。

汉字的变化无穷无尽，充满精、气、神、情。

中国人崇尚自然，文字也以各类物态为形，称为象形。“山”字就活像高低不同的崇山峻岭，人生就如登山，峰回路转，柳暗花明，或又路遇险阻，或又一瞥胜景，乐趣就在这攀爬的过程中。或快或慢，或行或息，俱随己意。得失且不论，细品个中滋味才是真。

又如“眉”字，是合体象形字。“目”字上面一弯，便是眉了。眉若远山，眉黛若山，眉总是被用来形容女子美好的神态，眉形又往往和山联系在一起，山色如黛，美人的眉色与山相一致。再如“泪”字，“目”字加上三点水便成了“泪”字，形象地表明了眼里流出的泪水，“未语泪先流”，“依窗把泪泪还诉”，自古泪水便与愁、思、悲、痛等连在一起。绛珠仙草曾得神瑛侍者甘露之惠，黛玉才会终日以泪洗面，不过是“但把自己一生所有的眼泪还他，秋流到冬，春流到夏”。泪通常与痛苦的情感联系在一起，《长恨歌》中，对于爱人逝去，“君王掩面救不得，回看血泪相和流”。梦中相会，却又“玉容寂寞泪阑干，梨花一枝春带雨。含情凝睇谢君王，一别音容两渺茫”。泪表达了声嘶力竭的感情。

又如一个“雨”字，点点滴滴，滂滂沱沱，淅淅沥沥，一切云情雨意，就宛然其中了。类似的汉字，可以解读的太多了。

（四）哲理之美

古人造字，将人与万物相联系在一起，充满辩证思维，讲求“中和”“节制”“适中”，也是充满辩证法思维。

如“酉”，象形字，甲骨文为，金文为，小篆为，像一个尖底的酒坛子形。“酉”的本义为酒坛子。《说文解字·酉部》：“酉，就也。八月黍成，可为酎酒。”酉音为就，八月，黍成熟，可以酿制醇酒。

以“酉”组合的字，不但描写了一个人饮酒的酒态、人品，也表达了从量变而质变的规律。

第一是“酿”字，《说文解字·酉部》：“酿，酝也。作酒曰酿。”本义为酿酒，要酿出好酒，要用良材、良方、良器，才能酿出醇美的好酒。

第二是有一组字描写了喝酒的形态，体现了不同的人品。如“酬”字，《说文解字·酉部》：“酬，主人进客也。”本义为客人向主人敬酒后，主人再次向客人敬酒，体现了宾主互敬。“酬”表示报答、酬谢。敬酒在表敬意，不在量。有人能饮，有人酒量有限，随意为敬，不能以权势相逼，以利害相逼。古代石崇逼人喝酒，不喝就杀侍女。凡是逼人喝酒之人，多是倚强凌弱霸道专横之人。

第三是“酌”字，《说文解字·酉部》：“酌，盛酒行觴也。”即盛酒在杯中劝人喝酒。“酌”是用小勺舀，酌情、酌量。愿饮则多饮，能饮可多饮，自量、自愿、随意、品尝，不是豪饮，饮酒如喝水。三五知己，一杯薄酒，谈天说地，这种人多是有节制的人。

第四是“酣”字，《说文解字·酉部》：“酣，酒乐也。”即因喝酒而快乐尽兴。“不醒不醉”曰酣，即酒带给饮者的朦胧感已经袭来，而意识尚清醒。这就是已经进入酣畅的境界，文思涌动，畅快淋漓，王羲之喝到酣畅之际，借曲水流觞，写下《兰亭集序》这一天下第一行书。凡是到达这种状态的人，都是豪爽、达观、壮怀之人。

第五是“酗”字，这是无节制地喝酒，暴饮暴食，斗酒比阔，结果因酒招凶。有的酒后滋事，酒后乱性，触犯法律，甚至性命不保，害人害己。酗酒之人，往往争强好胜，酗酒滋事。

第六是“醉”字，这就是过量了，人醉了，《说文解字·酉部》：“醉，卒也。”卒者，不省人事，头脑迷乱。醉了，一切都不知道了，有的口出狂言，

武

止戈为武。从戈，从止（脚），会持戈征讨。也可看成不战而屈人之兵。武功的最高境界是和平

王

本义为大斧。后指首领。上横代表天，下横代表地，中横代表人，参通三者的就是王

易

本义为两手持器兑酒水，表示人与万物都有新陈代谢，“生生不息谓之易”

圣（聖）

左边是耳，右边是口，下边为王。即善倾听，会表达，通达事理才能称为圣人

汉字的哲理之美

酒后失言；有的昏睡不醒，伤害身体；更有甚者，醉后驾车，酿成大祸。凡喝必醉的人，必是没有节制的人，自律、自控能力较差。由于酒后醉态，失言、失礼、失德，那就出“醜（丑）”了。“醜”字就是由“酒”“鬼”组成的，凡是酒鬼其形态都是“丑”的。有些人以看人家出丑取乐，其用心是不良的。

（五）艺术之美

每一个汉字看似简单，实则意味深远，催生成了成语、对联、诗词、书法等艺术形式。下面，略举一些例子。

1. 字谜

如“口”字的组合字谜让人觉得妙不可言。

两个“口”字是什么字？回首凝望美山河。

三个“口”字是什么字？品味人间景如画。

四个“口”字是什么字？田园美景碧似玉。

五个“口”字是什么字？吾心沉醉此景中。

十个“口”字是什么字？古人亦怀此胸襟。

十一个“口”字是什么字？吉人福地常相依

八十八个“口”字是什么字？谷中无夏岁月长。

一千个“口”字是什么字？舌根常嚼菜根香。

2．拆字诗

南朝时的江淹是文学史上十分著名的人物，成语“江郎才尽”就和他有关。据史书上记载，江淹年轻时家贫而才思敏捷。一次，一群文友在江边漫游，遇一蚕妇，当时一个颇负盛名的文人即兴出联曰：“蚕为天下虫”，将“蚕”拆为“天”和“虫”，别出心裁，一时难倒众多才子。正巧一群鸿雁飞落江边，江淹灵感触发，对曰：“鸿是江边鸟”，将“鸿”拆为“江”和“鸟”，与将“蚕”拆为“天”和“虫”有异曲同工之妙，不仅反应奇快，而且贴切工巧，众人自然为之叹服。

3．趣味对联

有个进士老爷专横跋扈，有财有势欺压百姓。进士的儿子也花钱买了进士，为了炫耀，老进士在大门上贴了这么一副对联：

父进士，子进士，父子皆进士；

婆夫人，媳夫人，婆媳均夫人。

有个穷秀才，因无钱送礼，年年落榜。见了这副对联，心生不平，悄悄改了一下“士”字、“夫”字和“人”字。第二天一大早，进士的门前围满了一大堆看热闹的百姓，无不拍手叫绝。进士老爷打开大门一看，目瞪口呆，原来对联已变成：

父进土，子进土，父子皆进土；

婆失夫，媳失夫，婆媳均失夫。

4．书法之美

汉字不仅是文字，也是书法艺术，透过它的一横一竖，一撇一捺，在笔画之间感受到汉字之美。中国的书法家更是灿若繁星，各具风采，王羲之的飘逸俊朗，颜真卿的粗犷豪放，柳公权的华美灵巧……

中国人常言“字如其人”，又说“见字如见人”，一个字的笔画、法度，都显露着一个人的素养及其品格，这是汉字与人心性和谐的艺术。汉字成为中国艺术的一种形式，如甲骨文的瘦峭俊秀、篆书的内敛含蓄、楷书的端庄磅礴等，无不体现着汉字书写艺术的无穷魅力，或刚或柔或动或静，变化多端，使字体的骨架布局具有艺术性和审美性。天下第一行书《兰亭集序》，通篇笔势纵横，意气淋漓，如龙跳虎卧，浑然天成，达到随心所欲而不逾矩的境界。同为楷书大家，颜真卿的楷书笔画劲挺肥厚，间架平整茂密，气势磅礴多变，上密下疏，似泰岳之高耸，具有庄严雄伟的气派。赵孟頫的楷书，中锋用笔，平顺和畅，结构匀称，从而得妍媚丰满、婉转秀劲之美。又如张旭、怀素之狂草，亦各有千秋。

下面让我们欣赏两个名帖：

一是行书名帖《兰亭集序》。

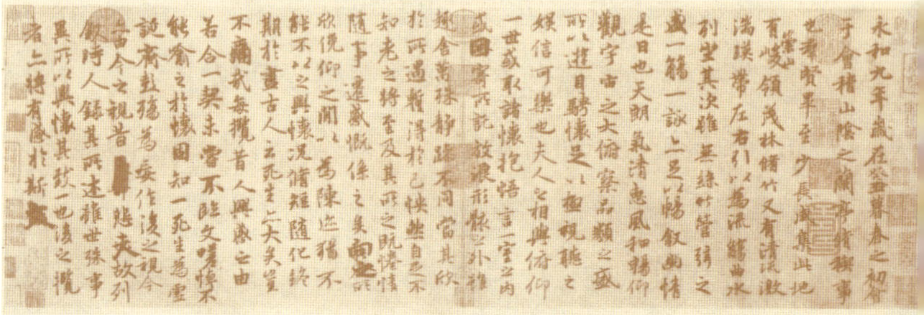

王羲之《兰亭集序》，冯承素摹本

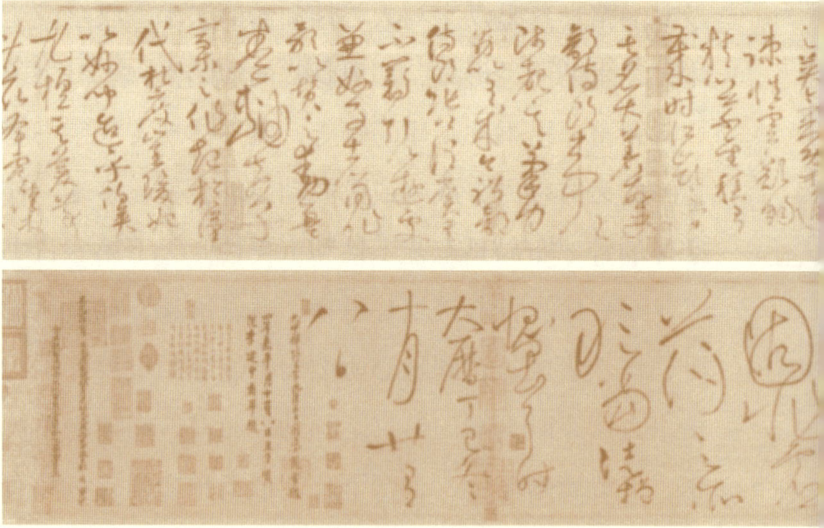

怀素《自叙帖》

《兰亭集序》是“法帖至尊”，表现了王羲之书法艺术的最高境界。这是当时人所不及的艺术境界，标志着书法从初创走向艺术的成熟，树立了书法史上的一座丰碑。他的书法作品被称为“天下第一行书”。

二是草书名帖《自叙帖》。

怀素的作品潇洒自如。《自叙帖》运用细笔劲毫写大字，笔画如曲折盘绕的钢索，圆转有劲，出峰如钩，可谓“铁画银钩”。通幅既有规矩法度，又奇踪多变，神采飞扬，实为草书艺术的极致表现，无愧于“天下第一草书”之称。

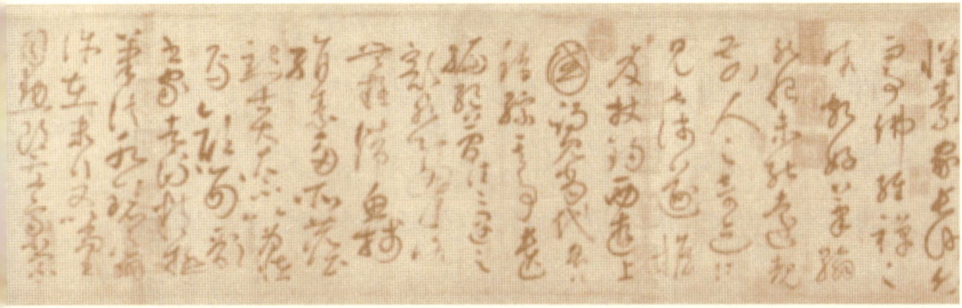

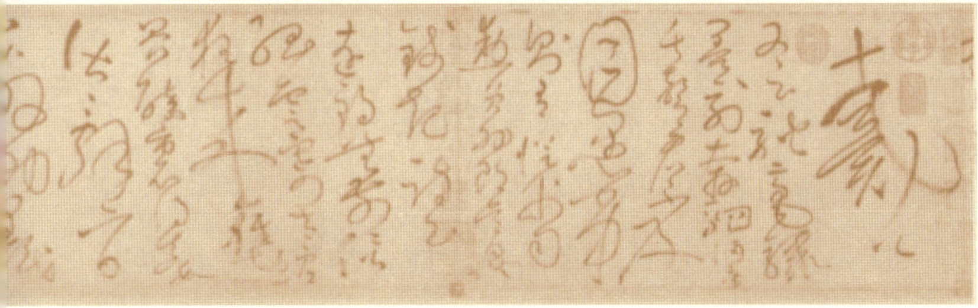

四、生命魅力

在汉字的背后蕴藏着生命的信息，描绘了生命的起源、生长和变化的过程。汉字体现了中国人的健康理念，体现了中医的气血理论，如健康，气足有力为“健”，经络通畅顺达为“康”。中医的“中”字，体现了中医之道。“虚则补之，实则泻之”，阴阳平衡，就是“中”，人就健康。活，从水，从舌，人要活着没有水不行，同时，也表明舌要有水，口中生津，人没有津液则活不长了。下面我们从“性”“命”“情”等字，看汉字对生命的体悟。

（一）“性”字揭示了人的生命起源

性，形声兼会意字，篆文为𢗽。生，既是声旁也是形旁，表示天然萌发。“生”常在古文中被假借为“性”，表示内心萌发的与生俱来的本能。性，从心，从生，表示人类天然萌发的欲求。《说文解字·心部》：“性，人之阳气性善者也。”意思是说，人的本性是善良的，从属于阳的心气。“性”字揭示了生命的起源和人的本性。

性是人类生生不息的根源。性，从生，生是生命、生产，意指人类延续、人口繁衍，是生命的再生产，人和动物皆然。“性”是生命的源头。孟子说，人性有两个相同的基本内容，“食、色，性也”。食色，是人和一切生物生存发展的需要。性命，性命，有性才有命。人类的性行为是本能反应，也就是说人类性行为的属性是自然的，不需要任何原因和遵守任何法律约束的。但是，人是社会的人，社会是人的社会，这就奠定了人类性行为的本质会随着社会的进步和发展而不断变化，成为具有社会因素的行为。同时需要和必须遵守道德和法律赋予人类的约束和保护。从医学的角度来讲，人在进入青春期后，脑垂体性腺激素不断增加，从而引起的生理变化产生本能的性冲动，是基于生理的基础，不代表爱情。但是爱情也是人际关系的一种，在性关系上建立的爱情和在爱情上建立的性关系，都应该属于社会属性范畴。也就是说，一个民族、一个种族，从性行为的特征来观察的话，能够体现他们社会的文明程度。

性是与生俱来的天性、禀性、习性。性右边为生，生指天生、天然，常有天生的成分。人的容貌是天生的，常有父母遗传基因的影响。其生理和心理也带有先天的成分。如男人与女人由于性别的差异，其言谈举止也有所不同。又由于所处的生活环境不同，会产生不同的肤色、生活习惯，所有这些都是由“性”决定的。也正因为人有天性，就应当认识天性、尊重天性、顺应天性，这样才能符合人道的要求。

性是人的心理、性情、情感的自然流露。性从心，从生。这个“心”是指心理、性情、情感，是内在的东西；“生”是指生命、性命，是外在的东西。从这两个字的组合看，“性”是生理和心理的结合，性情与生命的结合，灵与肉的结合。心生为性，性由心。心为性之本，性为心之貌。一个人的性情、性格、习惯都是由人的心地所决定的。心善之人，其性情是温和的。心恶之人，性情必然凶煞。在人的性格中，最可贵的首先是忍性，经得起打击，受得了委屈，愠色不惧，处变不惊。其次是耐性，也即韧性，坚韧不拔，持之以恒，不懈努力，专注专一，认准了的事情就坚持做下去，不达目标决不罢休。再次是悟性，即灵性，这是一种感悟和体悟的能力，有敏捷的应变能力和接受能力。

（二）“命”字揭示了生命的诞生过程

“命”，会意字，甲骨文为，古代振铎以发号令，会向人发出命令之意。在甲骨文中，“命”和“令”是同一个字。金文为，上部是一个屋顶，下部是一个面朝左跪坐的人在发布命令，这个命令是从口发出的。小篆为，从口，从令，意为一尊者向众人发号施令。“命”演变为从人、从合，命是阴阳交合，是男女交合而产生了“命”。

《说文解字·口部》：“命，使也。”本义为指派，如《诗经》“维君子命”，只要是君王的使命就执行。但“命”字用得最多的还是指一个人的命运，古人认为人的穷富福祸都是上天的安排，故有“命中注定”“福大命大”“听天由命”“乐天知命”“死生有命，富贵在天”等说法。古人有一个歌谣，讲一个人想修得好命，要做十二件事：“一命二运三风水，四积功德五读书。六名七相八敬神，九交贵人十养生。十一择业与择偶，十二趋吉要避凶。”“命”字告诉我们人生要过得有意义，要珍爱“三条命”。

第一，要珍爱生命。命字上为“人”，中间为“一”，组成“亼”，代表“天地人”相合，体现了

"天人合一"的理念。天地合，万物生，契合了老子"道法自然"的观点。生物学意义上的命，实际上是一种肉体的生命，这是一个人最基本的命，不管是凡夫走卒，还是达官贵人，必须有一个肉体的生命，才谈得上政治的生命、艺术的生命、精神的生命，一个健全的生命首先是以一个人的肉体生命作为基础的，命的第一信息揭示了生命的起源。

第二，要承担使命。"命"从一，从口，从卩，从这个组合看，是指一个人一张口，听从上天的指令而降生，一人代表一代人，承担着重大的使命。人如果仅有生物学意义上的命，那么与动物有什么区别？这种使命包括传宗接代，成就事业，承担责任，推动社会进步，这实际上就是一种理想的追求、事业的追求和道德的追求，是一种精神的生命。"命"中的"卩"为"节"的简写，为气节、关节。在人生的每一个关节，要节节提升，积极地走完人生的旅程。

第三，要顺应天命。命的谐音为冥，冥中有定数。"命"字带着天赋的人性，从一点得一气，有气则成命，地赋人命，从口，口吃谷米，获取地气。父母赋身，即阴阳交合，合成一口人。命包含着人性心身的信息，冥冥之中都是天注定。这就是天命。一个人无法选择何时、何地出生，这都是老天的安排。但人又不能完全“听天由命”，而要“乐知天命”，这就是要顺应自然规律和人类发展的规律。顺天则有好命，逆天则苦命。“命”和“运”常常联系在一起。一个人能够成功要靠天助、他助，更重要的是要自助。从大的方面看，个人生活在什么样的时代、国度决定了一个人的命运。从小的方面看，一个人是否有贵人提携，和什么人在一起，决定了一个人能否成功。“命”是既定的，“时”是随机的，“运”是变化的。人生的运势多有变数，运数的变化取决于时机。对于命运的把握就是在机会来时有牢牢抓住的能力。

（三）“情”字表达了中国人的心理情感

人是会思考、有情感的动物，这是人与其他动物的根本区别。人有“七情六欲”，一个“情”字揭示了人丰富而又复杂的情感世界。

情，声形，从心，青声。《说文解字·心部》：“情，人之阴气有欲者。”意思是说，情是人们有所欲求的、从属于阴的心气。本义指感情、情绪。

如"举手长牢牢，二情同依依"，"未成曲调先有情"，"览物之情，得无异乎"等。"情"又延指亲情、友情、爱情、情理、情欲等，如"欢情未接，将辞而去"。情是人的一种基本的情感。《礼记·礼运》："何谓人情？喜怒哀惧爱恶欲七者，弗学而能。"喜、怒、哀、惧、爱、恶、欲这七个方面的感情与生俱来。"情"字告诉我们感情的来源、本质以及人类最基本的感情。

情由心生。"情"从心，说明与人的内心活动有密切的联系，意为"情"是由人的身心而感，由心而发，是身心受到外界事物的刺激而引发的爱憎、愉快、痛苦、惊惧等心理状态。通常人们用"心心相印""心灵相通""心有灵犀一点通"等词句去表达爱情，皆与心有关。心情，是由心产生情，大凡有心的动物皆有情，人是如此，动物亦然，可以说万物皆有情。儒家认为情与心紧密联系，《荀子·解蔽》有详细的论述："心者，形之君也，而神明之主也，出令而无所受令。自禁也，自使也，自夺也，自取也，自行也，自止也。故口可劫而使墨云，形可劫而使屈申，心不可劫而使易意，是之则受，非之则辞。故曰：心容其择也，无禁必自见，其物也杂博，其情之至也不贰。”心会自行约束，自行驱使，自行放弃，自行接受，自行活动，自行停止，此为本心。心之专一，则情为专一。心决定情，有什么样的心，就有什么样的情。这种情形我以为大致有三种情况。

一是心地决定心情。有一个词叫“为善最乐”，意思是说做善事是最快乐的事情。一个善良、慈悲、包容的人，一定有愉悦的心情，相反一个奸诈、虚伪的人，生活在算计、不安之中，一定是焦虑的心情。一个人如果做了亏心事，必然会受到良心的拷问，会产生内疚，心情自然会忐忑不安，这样，就如同生活在地狱一样。

二是心态决定心情。乐观的心态和悲观的心态会产生截然不同的心情。每一个人因为看问题的角度不同，就会产生不同的心态，从而产生不同的心情。同样是面前放着半杯水，悲观的人一看很担心忧虑：唉，只剩下半杯水了。乐观的人一看开心雀跃：太好了，居然还有半杯水可以享用。俗话说：“塞翁失马，焉知非福。”只有有乐观向上的心态，才会有愉悦的心情。

三是心境决定心情。“盲聋人过铁索桥”的故事说明了心境对人的心情影响巨大。在一处地势险恶的峡谷，涧底奔腾着湍急的水流，而所谓的桥则是几根横亘在悬崖峭壁间光秃秃的铁索。有一个盲人、聋人和一个耳聪目明的正常人来到桥头，攀索行进。结果呢？盲人和聋子都过了桥，耳聪目明的人却吓得发抖，攀爬不过去。这是为什么呢？盲人说：“我眼睛看不见，不知山高桥险，反倒能心平气和地攀索。”聋人说：“我耳朵听不见，不闻脚下咆哮怒吼，恐惧减了很多。”这说明只有拥有心平气和的心境，才能有镇定的心绪，也才能顺利地攀过铁索桥。俗话说，境由心造。有的时候，我们改变不了环境，但可以转变自己的心情，这就是转境不如转心，这样才能始终保持愉悦。有一句话说得好：“你改变不了环境，但你可以改变自己；你改变不了事实，但你可以改变态度；你改变不了过去，但你可以改变现在；你不可能样样顺利，但你可以事事尽心；你不能左右天气，但你可以改变心情。”

情以天然的亲情为第一感情。情的谐音为亲，亲在于有情。亲情是每个人与生俱来的情感。不管是为人子女，还是为人父母，或者是手足，血缘就像一根扯不断的线把我们紧紧相连。在这个世界上，最值得信赖的还是我们的亲人，血浓于水，亲情无价。当我们遭受失败和挫折时，亲情是一剂疗伤的良药，医治失落悲伤的心；当我们面对误解和仇恨时，亲情是一杯凉水，适时浇灭心头的怒火；当我们面对赞扬和奉承时，亲情是一剂清醒剂，让我们去除虚荣和自满。在关键时刻、危险时刻，亲人会挺身而出，是我们坚强的后盾。有一位作家说得好："亲情是一种深度，友情是一种广度，爱情是一种纯度。友情和爱情是我们要努力去获得和争取的，亲情却是与生俱来的。"

与生命相关的字还有很多，如"快"，心情犹如流畅射出的利箭一样顺畅开心；"乐"，音乐让人快乐，音乐也是良药；"疗"，人体上的疾病已经了却，自然是得到了治疗；"恋"（戀），心中有千言万语，恋人总是千丝万缕；"舌"，掌握了说话的艺术，就可以舌灿莲花，舌战群雄；"生"，嫩苗从土中生出，新的生命历程开始了；"孕"，精卵瞬间的结合，有了孩子，一个新的生命孕育而成。

五、科学魅力

汉字是中国人在生产劳动中创造出来的，是摹写宇宙万物的物名及其事理，负载着科学知识和文化观念的全息符号，具有客观性、科学性、隐密性，有丰富的天文、地理、农耕、中医学、数学、物理、化学等方面的科学知识。

（一）天文学

在天文学方面，《说文解字》从汉字的角度对中国古代诸多天文现象做了准确的定位和解说，提供了丰富的科学知识。如“日”字描述了日出之壮观，日行之迤逦，日落之幽美。下面，我们看看《说文解字》对太阳运行的描述。

1. 日出之前

早，“晨也，从日在甲上”。早，指早晨，由“日”在“甲”上会意。甲为首，为“夙”，甲骨文的“夙”字，象人执事于月下，戴月而起之形。《诗经·召南·小星》：“夙夜在公。”郑玄笺：“夙，早也。……或早或夜，在于君所。”

昒（hū），“尚冥也，从日，勿声”。昒，还在昏暗之际，指天将明而未明之时。

昧，“爽，旦明也”。昧爽，将明之际，指初晓尚暗之际。

昕，“旦明，日将出也”。指天明，太阳将要出来，是对东方发白，红日欲出前的描述。

2. 日出之时

旦，“明也。从日见一上。一，地也”。意为旦，元明。由“日”出现在“一”之上会意。一，表示地。“旦”字非常形象地描述了太阳从地平线上升起。

杲（gǎo），“明也。从日在木上”。即太阳已经升起，过了树梢。

晧，“日出貌”。指太阳出来的样子。

旭，“日旦出貌”。旭指旭日东升，光芒万丈。

旸，“日出也”。旸，太阳出来。日出于谷而天下明，故称旸谷。

3. 日落之时

昃，“日在西方时侧也”。日在西方则人影侧斜，指太阳偏西。

莫，“日且冥也”。太阳落在草地上，表示傍晚天将黑。

杳，“冥也”，以太阳落到了树下表示“昏暗”之义。

昏，“日冥也”。“日”在“氐”下。氐是降下的意思，指太阳落山的时候。

暗，“日无光也”。指太阳没有光亮。

《说文解字》对“月相”的观察，形象地描述了盈亏圆缺的月相。如“月现”有“朔、霸、朏”，“月满”有“望”，“月尽”有“晦”。

此外还有星相的运行和风、雨、雪、雾等自然现象的描述，均是非常丰富的。

望闻问切

（二）医学

在医学方面，《说文解字》介绍了有关身体、病状、医疗、保健等方面的科学知识，揭示了古代医学的起源和发展，今天仍有科学价值。

讲述“中医理念”的字有“阴、阳、平、衡、沉、浮、虚、实、中、和”。

描述“常见病症”的字有“疾病、疼痛、疯癫、疮疡、痈疽、症瘕、疥癣、瘟疫、疟疾、疤痕、疲、痒、瘾、疴、瘤、瘫、疳、疝”。

描述“诊疗方法”的字有“望、闻、问、切、诊、脉、经、络、输、针、灸、熨、角、药、汤、丹、导、散、丸、君、臣、佐、使”。

描述“藏象观察”的字有“藏、心、肝、胆、肺、脾、胃、肾、膲”。

描述“养生保健”的字有“膳、食、静、动、精、神、愉、悦”。

由于篇幅的关系，此处不再列举。我们还可以从农学、数字、物理学、化学、地理等方面去分析，每一个方面都可以写成一部专著。

第五讲 汉字的教育

《说文解字·叙》："孝宣帝时，召通《仓颉》读者，张敞从受之。凉州刺史杜业、沛人爰礼、讲学大夫秦近，亦能言之。孝平皇帝时，征礼等百余人，令说文字未央廷中，以礼为小学元士。黄门侍郎扬雄，采以作《训纂篇》。凡《仓颉》已下十四篇，凡五千三百四十字，群书所载，略存之矣。"

许慎在这里记录了自汉宣帝、汉平帝时，开展说解文字的状况。汉宣帝时，下令召精通《仓颉篇》的，让张敞跟随他学习。凉州刺史杜业、沛地人爰礼、讲学大夫秦近，也能讲读《仓颉篇》。汉平帝时，征求爰礼等一百多人，让他们在未央宫中说解文字，把爰礼封为小学元士。黄门侍郎采集材料编写了《训纂篇》。大凡《仓颉篇》以下十四篇，共五千三百四十字。这样，群书所载之字，大都保存下来。

许慎在这里讲述了当时汉字教育的主要教材，一个是《仓颉篇》，一个是《训纂篇》，这两本书均为古代童蒙识字的课本。《仓颉篇》为李斯所做。《训纂篇》为扬雄所作，四字一句，共三十四章。这两本教材的识字量有五千多个字，可见，这是识字的基本要求。许慎在《说文解字》这本书中，讲述了汉字教育之“道”“法”“术”，今天仍然对我们有所启发。

汉字的教育，是提高中华民族文化素养，传承中华文明的大问题。总体来说，我们对汉字教育的方法是不够科学的，是陈旧的，是枯燥无味的。其实，汉字很形象，汉字很有趣，学习汉字是一个脑洞大开的过程，是一个快乐的过程，可惜我们没有回到汉字的本源、本质和规律上去学习汉字。在《说文解字》中，许慎告诉我们汉字教育应当遵循的原则是传道、启智、审美、体悟。

一、传道：修心养性

识字读书是通达人性，促进人格完善的途径。古代“文涵百科、以文载道、道以文传”，这是“文化”的根本意义和教育的目的所在。古代学识有三个境界：其一，识字，这好比用字典学字，知道每个字的含义；其二，学字又学句，就是用文章学字；其三，学字、学句又学智、修心，这是学字的最高境界。

汉字是“修心养性”和“立德树人”的宝贵资源，汉字教育的过程实际上是灵魂的铸造、人格的培养和情感的完善，正如孔子所说的“进德修业”，进而“修己安人，修己以安百姓，修己以安天下”。

许慎在《说文解字·叙》又说：“盖文字者，经艺之本，王政之始。前人所以垂后，后人所以识古。故曰：本立而道生，知天下之至啧而不可乱也。”许慎把文字作为精传六艺的根本，作为治理国家的起点，作为文化传承的载体，作为推行大道的基础。

许冲在《上说文解字表》中说：“上考度于天，下流化于民。先天而天不违，后天而奉天时，万国咸宁，神人以和。犹复深惟五经之妙，皆为汉制。博采悠远，穷理尽性，以至于命。先帝诏侍中骑都尉贾逵，修理旧文，殊艺异术，王教一耑，苟有可以加于国者，靡不悉集。《易》曰：‘穷神知化，德之盛也。’”

这段话的意思是说：向上从皇天那里学习完成法度，向下流布教化给黎民百姓。先天动则不违背天命，后天而动则顺应天时。普天之下都安宁，神人因而和谐。陛下还深思五经的奥妙，立为汉朝的制度。广泛地采集深远之说，穷尽地揭示道理，发掘人性，以达天命。先帝下诏让侍中骑都尉贾逵研修整理古时的文献，特殊的经艺，异样的学术，都是王者教化的一种，只要对国家有所补益，就无不收集。《周易》说："彻底研究事物的神妙，知道事物的变化，这是盛大的品德。"

这里指示了许慎研究汉字的宗旨是发现真理，发掘人性，通达天命，从而达到教化民众、治理国家的目的。那么，我们如何发挥汉字在"传道"中的作用呢？

首先，我们要用汉字去明心铸魂。今天，我们在汉字的教育中，要以"中国精神""中国价值""中国道德"作为汉字教育的灵魂、核心。一个人的追求有三个层次，一是生存追求，二是道德追求，三是灵性的追求。假如智育限于知识，德育限于规范，美育限于技能，那么是舍本逐末。教育的目标应该是培养健康、善良的生命，智慧、自由的头脑，丰富、高贵的灵魂，乐观、向上的情感。为此，我们要把中国精神、价值理念、道德情操融入其中。在汉字教育中注入国强民富的奋斗目标、天人合一的价值理念、自强不息的精神、革故鼎新的创新意识、中庸之道的处世方式、威武不屈的民族气节、精忠报国的爱国情怀等等，把中国精神的基因植入孩子的血脉之中。用汉字去铸造中国人的心灵和筋骨，明心铸魂彰显了汉字的灵性。在汉字教育中要注意汉字所包含的价值理念、思想的阐述，要以汉字为载体，培养有理想、有追求、有信仰、有情怀的人，有人文情怀和坚毅不拔的气质的人。

比如对“中”“國（国）”二字的讲解，可以培养人们的爱国主义精神。

“中”字，从“口”，从“丨”。

从口，指“东、西、南、北”四个方向，有了四方才能确定中央；“丨”表示上下。“中”在四方内，为不左不右、不前不后的中间点；在上下里，为不上不下的位置。

为何要读“中”，并用它来定国名？因为古人认为：一个人思考问题处理问题时容易产生表面性、片面性的理解，而要做到“执中持重”最为难得，故以读“中”表示“重要”。名曰“中國”，表明以“中庸为德”，不仅是中国人个人要具备的文化美德，也是中华民族应具有的文化风范，要起公平、公正的中流砥柱的作用。

从中华文明缘起的河图看，“木、火、土、金、水”五星，以“木、金、火、水”四星分列“东西南北”四方，以“土星”坐阵中央，布气四方。中国人把天上的“土星”称之为“镇星”，也叫“福星”，土星来了叫“福星高照”。把“执中维衡，营造和谐”环境，看作是做人、经国的最高德性。

“国（國）”字，繁体字里面是一个“或”字，外面是围字框。其意是国家有疆域、边界，国家的强弱，决定于它的武装力量（“或”字从戈），戈代表武装力量；国家的作用在于保卫本国人民生命财产的安全（“或”字从口），口指本国人口；“或”字口下有一，一代表一国的治国之道；外面的围字框（囗），代表一个国家完整的国防线，用于保护人民的“幸福”生活。

“国”是“國”的简化字。国中有“玉”，这是最为珍贵的财富。

我们通过“國、国”两字的讲解，就可以从文化上了解国家以人为本的价值理念，中国人以中庸为德的价值追求和加强国防的重要性。

其次，要用汉字培德养性。培养健全人格，养成良好的道德习惯是德育的目标。汉字有丰富的德育内涵，是值得充分利用的宝贵资源。汉字中的“仁、

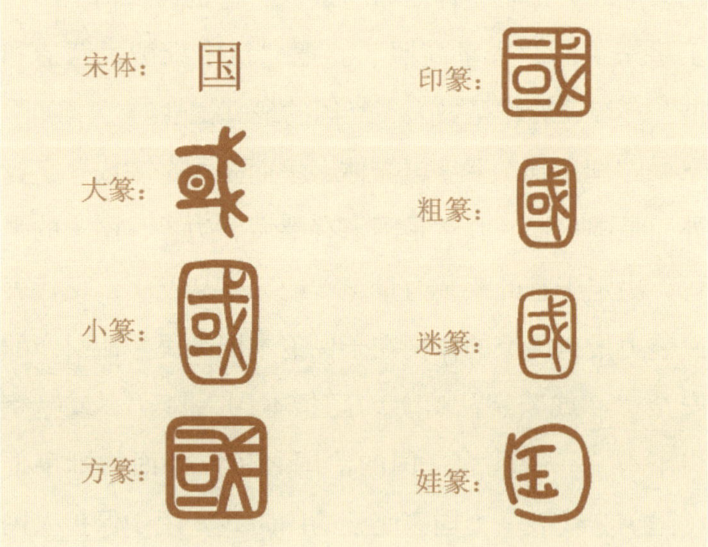

“国”字的演变

义、礼、智、信、勇、毅、廉、谦、和”这“十德”，每一个字都有丰富的内容。我们可以运用汉字去弘扬仁者爱人的道德良心、孝老爱亲的家庭伦理、敬业求精的职业操守，培养青少年正确的道德观念，分清善恶、是非、荣辱；促进良好道德行为习惯的养成、道德情感的培养，把传承历史与紧跟时代结合起来，培育有志气、有风度、有操守、有礼貌的有德之人。

二、启智：科学思维

汉字的字形是一个以一定数量的构件按照一定的规矩进行的天、地、人系统，是形、音、义的三维系统。圣人造字先义后音形，识字则要先形后音义，通晓造字的规律，以字开慧。目前国内编写的汉字教材，汉字认识的顺序杂乱无章，不能体现汉字认知天地人的系统性和规律性，压抑了人们的智慧的开发。为此，在汉字的教学中要体现三种造字法。

一是“六书”造字法。象形、会意、形声、指事四种方法，是直接表义又兼顾表音，转注、假借都是由上面四个派生出来的。古代识字蒙学《仓颉篇》

把六书作为主要的内容，可惜我们的课本没有教这个方法，人们不明白汉字是如何造出来的，对其规律也不清楚。汉字据义而构形，从字形乃至字音都是互为依据的，由本义而衍生，由衍生而引申，假借转注，层层无尽，以简御繁，以类万物，这是一种科学的思维，既是直观的，又是复合的、联想的，中国文字是图形智慧、全息画卷。

许冲说，当今五经之道灿烂光明，而文字是其赖以产生的载体。从《周礼》到《汉律》，都应当学习六书，才能把它们的意义融会贯通。必须了解、把握好“六书”，这是学习汉字最基本的方法。

二是字根造字法。字根是组成汉字的基本零件，是一类有物象场景支持，可以表达基础概念，构建汉字最基本意义的符号。常用字根大致上有270个。物以类聚，人以群分，字以族群。同形同音，音意相同，分科成族，触类旁通。掌握它们，把它们放在一起学习、拓展，可以举一反三，增加十倍、二十倍的识字量，并熟练地掌握其意义。如以“木”为字根组成的字：

十人伐木忙（木），
有人在休息（休），
一起练身体（体），
本地无人迹（本），
木上长横到期末（末），
木上短横变未来（未），
左边一撇人姓朱（朱），
王冠上面镶珍珠（珠）。

三是偏旁造字法。汉字的部首偏旁是造字最小、最基本的表义符号，也是汉字最基本的要件。特别是形声字，大多由偏旁决定其意义。因此，在汉字的教育中，一定要讲清偏旁的意义。如两点水（冫）为冰，如“冻”，三点水（氵）为水，如“江、河、潮、海”。四点水（灬）为火，如“热、烈、熬、煎”，“月”字旁除了与月亮有关以外，大量的字是指人体的器官，如“脑、脖、肝、肺、腿”等，有五十多个字。

如用“包”字组成的字，放在一起学习，不但很快可以记住，而且觉得很有趣。

有水冒气泡，有火放鞭炮，
有足才能跑，有衣穿长袍，
有食能吃饱，有月是同胞，
有手来拥抱，有刀来把木板刨，草头在上是花苞。

以上的学习方法是一种系统的、整体的、联系的学习方法，可以事半功倍，快速地识字、记忆、理解。假如能熟练地掌握这三种方法，用一年的时间认识一万个字并不困难，这可能是语文教学的一大革新。

三、审美：培育雅趣

汉字是世界上最动听、最优美的文字，直观达意，意会神摄，又有美感，具有趣味性、娱乐性。为此，要遵循学生认知、体验的规律，紧扣儿童的生理特点和心理特点，循循善诱，注重学思践悟的统一，紧扣基础教育特点，紧贴儿童审美活动、经验和生活世界，又呼应了社会生活的火热场景，观照儿童成长大计，把学习汉字的过程变成一种审美的体验，提高审美能力，体悟汉字中蕴含的人体之美、自然之美、生活之美、器物之美和艺术之美，从而去感知美、发现美、欣赏美、创造美。

四、体悟：学思践悟

许慎的《说文解字》不仅有释义，还教会我们要有多维的、立体的思维方式；要求我们在学习汉字中不但要增长知识，而且要开启智慧，学会科学的、辩证的思维。学习汉字是智育的主要内容，其目的在于运用，关键在于提高学生语言文字的运用能力，包括识字写字能力、阅读能力、口语表达和文字写作能力。为此，要遵循学生认知、体验的规律，紧扣儿童的生理特点和心理特点，循循善诱，注重学思践悟的统一，把学习过程作为心灵修炼的过程，作为能力提升的过程。

首先，要激发学生的学习兴趣。兴趣是学习的最大动力，而趣味性游戏就是最好的途径，要用趣味点亮思政的课堂。在汉字的教育中，可以运用谚语、俗语、谜语、成语接龙、对联、写诗等形式，启发学生的思维，丰富语言表达，让学生在玩乐中学习。

如有一则谜语诗，生动有趣。

打奴奴知晓，背后有人挑。

心中亮明镜，为的路一条。

谜面句句双关，令人叫绝。首句“打”，可理解作“打骂”的“打”，也可以理解作“打着灯笼”的“打”；次句“挑”，可作“挑拨”讲，亦可作“挑提”讲；第三句，可解为“内心明白”，还可解为“灯笼里亮着烛”；第四句，既与书生问路相关，又与灯笼用途相联系。谜底是灯笼。

又如有一则“神童妙对武则天”的故事：相传唐代有一对神童姐妹，能诗善对，一日，武则天传旨召见姐妹两人。武后携着二人小手，来到佛祖殿御河岸边，见一和尚正在河里摘荷花，随即吟道：

河里荷花和尚摘去何人戴

连用“河、荷、和、何”四个谐音字，难度不小。姐妹俩忽闻琴弦切切，歌声袅袅，因即对道：

情凝琴弦清音弹给青娥听

“情、琴、清、青”四个谐音字，切情切景。武后闻之甚喜。武后有意留妹妹在宫中，让其与姐姐道别，妹妹眼眶噙泪，仰望天空，当即赋诗一首：

天空云骤起，鸿雁竞双飞。

所嗟人异雁，不得一行归。

武后叹曰，人各有志。命人厚礼送小姐妹回家。

其次，要引导学生多思识义。这就是引导学生学会科学思维，从线性思维中解放出来，从形、意、音三维度去解读汉字的内涵，丰富想象力、创造力，锻炼形象思维、抽象思维、逻辑思维和发散思维，从中获得独特的感悟，把学习的过程变成心灵修炼的过程。这就要善于讲故事，用故事去引导、启发学生，多进行体验式、双向式的教学活动。

最后，要落实在表达能力的提高上。这就是学以致用，学用结合。学习汉字的成效体现在“能说会写”，即语言表达能力和文字表达能力。这就要开口学汉字，要从小开始培养诵读的习惯，增强记忆能力，增强词组、成语、格言、诗词的运用能力，同时，提倡经常性地写作，学会文章写作的主题确定，内容构建和起、承、转、合的方法。

古埃及有句谚语：“要寻找智慧，就到中国去。”印度前总理尼赫鲁曾对他的女儿说：“世界上有一个伟大的国家，她的每一个字，都是一首优美的诗、一幅美丽的画，你要好好学习，我说的这个国家就是中国。”

让我们为光大汉字文化而共同努力！

参考文献

[1] 许慎. 说文解字[M]. 北京：北京联合出版公司，2017.

[2] 刘冰泉. 中华字通[M]. 北京：北京教育出版社，2013.

[3] 王宁. 汉字与中华文化十讲[M]. 上海：生活·读书·新知三联书店，2018.

[4] 万献初，刘会龙. 说文解字十二讲[M]. 北京：中华书局，2019.

[5] 唐汉. 图说汉字[M]. 长春：吉林出版集团有限责任公司，2010.